아 동 상 담

오 승 아

YANGSEOWON
양서원

머리말

벌써 계절의 여왕이라는 5월도 중반을 달려가고 있다. 작년에 출판사와 아동상담이란 교재를 집필하기로 계약하고도 그야말로 1년여의 시간이 흐른 이제야 탈고를 하고 나니 여러 가지 소회가 든다. 이 책은 그간 다른 출판사에서 공저로 집필한 아동심리 및 상담의 확장판이다. 상담을 공부하는 예비상담가나 보육, 교육현장에서 교사들과 자녀를 양육하는 부모들 모두에게 도움이 되는 이론과 실제적 기술을 알려주고자 하는 내용을 담고 있다. 아동상담에 대한 정의와 필요성을 1부에 기술하고 2부부터는 실제 임상현장이나 교육보육현장에서 혹은 양육공간인 가정에서 유아나 아동의 행동을 이해하는 데 길잡이가 되어줄 이론을 5가지만 선별하여 기술했다. 유아, 아동이라는 연령적 한계로 인지적 부분이 많은 부분을 차지하는 이론이나 언어가 주된 상담기술이 되는 이론은 배제하고 5가지 이론만 다루었다. 그 외 많은 부분은 아동상담 실제에 할애하였다. 누구나 쉽게 유아, 아동의 행동에 대한 이해를 높일 수 있도록 일화를 먼저 소개하고 그에 따라 구체적인 대처법들을 기술하였다. 물론 필자가 20년 이상 전문상담가로 활동하면서 가장 중요하게 생각한 개념들도 함께 자세히 소개히기도 하였다.

아동상담을 강의하는 훌륭한 교수자들에게도 예비 상담가 혹은 초보 보육교사, 유아교사들, 그리고 이 땅의 많은 양육자 분들에게도 쉽지만 긴요한 글들이 되길 바란다.

1년여 시간을 기다리고 독려해주신 양서원 분들과 늘 지지와 인내로 가족으로서 엄마, 아내임을 잊지 않으면서 열심히 집필할 수 있도록 도와준 사랑하는 강아지 루카, 큰딸 지명, 막내 수민, 그리고 존경하는 남편에게 감사를 전합니다. 마지막으로 저의 모교인 성균관대학교 아동학과의 40주년을 축하하면서 언제나 제 학문의 시작은 모교임을 잊지 않고 있으며 성균관대학교와 아동학과의 건승을 기원합니다.

5월 어느날 일산에서

오승아

목 차

PART

01

아동상담의 개념

1. 아동상담의 필요성
2. 아동상담의 정의

01 아동상담의 필요성

21세기는 저조한 출산율로 인해 한 가정 1~2자녀로 자녀 수가 절대적으로 부족하여 존재 자체로 자녀에 대한 관심이 증대되었고, 소득수준 향상 등으로 인해 자녀들의 건강한 발달에 관심이 집중된 상태이다. 건강한 신체와 건강한 정신발달 모두 초미의 관심사가 된 지 오래다. 지금의 세태를 알 수 있는 기사나 보도 또한 엄청나게 늘어난 것을 보면 알 수 있다. 최근 포털에 등장한 아동의 건강에 대한 관심보도는 다음과 같다.

- 국제연합(United Nations) 사무총장 안토니우 구테흐스는 전 세계적으로 아동 정신건강 문제가 신종 코로나바이러스 감염증(코로나19)에 의해 확대되고 있다고 경고했다.
- 구테흐스 사무총장은 정신건강 서비스가 오랫동안 방치와 과소 투자로 고통받아왔으며, 이를 필요로 하지만 접근하지 못하는 아이들이 증가하고 있다고 말했다.

코로나19 대유행은 이러한 문제를 더욱 확대시키고 있다. 코로나19는 특히 개발도상국 취약계층 아이들의 삶을 더욱 세게 강타하고 있다. 수백만 명의 아이들이 전염병으로 인해 학교가 닫힌 후 정신적 · 신체적 폭력에 더욱 노출되고 있는 것이다.

이러한 가운데 정신건강 서비스는 중단되거나 온라인상으로 이동되어 상황을 더욱 악화시키고 있다. 구테흐스 사무총장은 "아이들의 정신적 복지에 대한 지원이 최우선되어야 한다"고 말했다.

표 1-1 10대 청소년 정신 및 행동장애 현황(심평원) (단위: 명)

구분	2016	2017	2018	2019	2020
19세(남)	79,341	81,021	85,997	92,094	91,312
10~19세(여)	47,845	51,462	64,595	70,899	70,379
전체	2,671,991	2,808,605	3,026,194	3,226,824	3,315,510

※ 건강보험 진료일 기준 2016년 1월~2020년 12월 (상병기호 F00~F99)

10대(10~19세) 청소년의 정신 및 행동장애는 2016년 대비 2020년 115%(남), 147%(여) 증가한 것으로 나타났다(건강보험심사평가원).

우리나라의 경우, 국민이 정신적으로 안정되어 있는가를 파악하는 '정신건강 실태조사'에서 정작 아동·청소년은 빠져 있다.

지난 2021년 7월 28일 국회 정무위원회 소속 송재호 의원은 코로나19로 인해 정신적으로 힘들어하는 전 국민의 정신건강을 돌보기 위해 18세 미만 국민도 조사에 포함시키는 '정신건강복지법 일부개정 법률안'을 발의했다. 이와 더불어 학생들의 정신건강을 꾸준히 관리하도록 하는 '학교보건법 일부개정법률(안)'을 발의했다.

건강보험심사평가원 자료에 따르면 10대(10~19세) 청소년의 정신 및 행동장애는 2016년 대비 2020년 남아는 115%, 여아는 147% 증가한 것으로 나타났다.

아동·청소년의 정신건강상태가 정확하게 파악되지 않을뿐더러, 이들에게 특화된 정신건강복지센터와 정신재활시설이 드물어 치료 및 재활이 어려운 상태이다.

송 의원은 "전 세대의 정신건강을 관리하고 코로나블루 치료를 위한 국가 돌봄이 필요하다"고 강조했다(하이닥건강의학, 2021.08.04).

김춘경(2004: 16)에 의하면, 아동기는 심리적 안정감과 자아 존중감을 키우고 긍정적인 자아 개념을 형성하며, 정상적인 사회인으로서 살아갈 사회적 기술을 익혀가는 중요한 시기라고 하였다. 아동기 이전에 형성된 개인의 성격과 행동은 주변 환경의 영향을 그대로 받으며 발달한다. 특정 시기에 수행해야 할 과제를 발달 과업이라 하고, 이를 성취하는 데 있어서 문제가 생기면 청소년기나 성인기에 이르러 사회적 적응이나 성격 발달에 부정적인 영향을 줄 수 있다. 이를 방지하기 위하여 아동상담이 더욱 필요해졌고, 더 나아가 조기에 개입하였을 때 원 상태로의 복귀가 더욱 빠르게 이루어진다.

상담을 필요로 하는 유아와 아동은 성인 중에 부모를 제외하고, 자기를 이해하고 놀아주며, 도움이 되는 상담자와의 친밀하고 신뢰로운 관계 형성이 무엇보다도 중요하다. 상담 관계는 관련된 사람들과의 상호 동의에 의해 형성되고 유지된다. 강요나 강제보다는 자발적인 태도가 절대적으로 필요하다. 서로 동의하여 이루어지는 상담 활동은 진심에서 우러나온 진솔한 상담 태도부터 상담자가 내담자의 영향을 받는 역전이까지 여러 가지 상황이 벌어질 수 있지만 건전하고 건강한 성장 발달을 도울 수 있는 방안이다.

강문희, 김매희, 현태옥(2018)은 아동상담의 필요성이 증가하게 된 이유를 다음의 몇 가지로 설명하고 있다. 첫째, 가족관계 결속의 해이 및 가족관계 해체의 증가이다. 가족들의 물리적 · 정서적 울타리가 엉성하게 엮어져 언제 무너질지도 모른다는 불안감을 간직한 채 유지되고 있는 경향이 있어 비교적 안정적인 아동기를 보내는 것이 일반적이지 않게 되었다. 이혼, 사별로 인한 한부모가족, 유학, 출장, 장기출상 등 여러 가지 이유로 인한 별거가족의 증가는 해당 가족의 아동에게 견디기 어려운 과도한 스트레스를 주게 됨으로써 이에 대한 분노, 불안, 공격적 행동 등 부적절한 부적응행동 표출의 원인이 되고 있다.

둘째, 유 · 아동기 정신건강문제의 증가이다. 가족관계 결속의 와해와 해체는 유아 및 아동 청소년에게 부적응적 영향을 주고 있다. 또한 학업성취와 관련된 부모의 과도한 기대, 친구 간의 경쟁과 부적절한 또래 관계, 집단따돌림에 대한 두려움과 불안 등의 결과 등이 심리적으로 건강하지 못한 아동의 수를 증가시키는 대표적인 원인이 되고 있다.

셋째, 유 · 아동기의 발달적 특성과 심리상담 지원의 필요성 증가이다. 사람은 출생부터 사망할 때까지 전 생애에 걸쳐 지속적으로 변화하고 발전하며 발달한다. 그러나 성격발달과 함께 일상생활에서 당면하게 되는 수없이 많은 내적·외적 자극에 대한 반응적 특성, 즉 행동의 특성은 출생부터 영아기에 거의 형성되는 것으로 보고되고 있다. 영아기, 유아기, 아동기, 그리고 청소년기로 이어지는 발달은 신체적 발달뿐만 아니라 인지, 정서, 사회성, 언어발달 등 모든 발달 영역에서 활발히 이루어지기 때문에 특히 어느 발달 영역이 더 중요하고 어느 발달 영역에 더 많은 강조점을 두어야 한다고 말할 수 없다. 주목할 것은 영유아기와 아동기에 인성적 특성의 많은 부분이 이루어지며 이것이 일생을 가면서 한 사람의 사고, 행동, 정서의 특질을 나타낸다는 점일 것이다. 유아기와 아동기의 발달적 특성상 반드시 개입되고 지원되어야 할 요인들은 아동과 일차적 양육자, 즉 어머니와의 애착관계 형성, 정서적 안정성, 가족관계 내에서 자신의 정체감을 형성하고 나아가 긍정적인 자아개념을 통해 이후 대인관계를 원만하게 하고 자기능력을 발휘할 수 있게 하는 기초를 마련하는 것, 양육환경과 양육방법에 대한 적절한 방법의 숙지 등이다.

넷째, 다문화가정의 아동을 돕기 위한 심리적 지원의 필요성 증가이다. 2000년대 들어서 사회적 이슈로 대두된 다문화가정의 수적 증가로 인한 아동 수 급증에 대한 학교나 지역사회의 적절한 도움 제공이나 체계적 기반이 취약하다는 문제이다. 다문화의 다양성과 차이점을 인식하고 이를 자연스럽게 받아들이며 통합된 인격체로 아동이 성장하도록 돕는 일은 중요하다.

정문자 등(2011)은 조기개입의 일환으로써 아동상담의 필요성을 다음과 같이 강조한다.

- 아동의 성장 과정에 어떤 결함이 생기고 그 결함이 누적되면 이후에 교정하거나 지도하기 어렵다.
- 아동은 신체적·정신적·사회적으로 미숙하기 때문에 한 영역의 발달 문제가 다른 영역의 발달에 영향을 미친다.
- 아동기는 어느 시기보다도 문제 교정의 효과가 큰 시기이다.

- 아동은 환경과 제공되는 지원에 의해 회복될 수 있는데, 아동상담은 지원환경으로서 중요한 역할을 한다.
- 아동상담 훈련을 받은 전문가들은 신체적 · 인지적 · 정서적 · 사회적 영역, 환경과 유전적 요인에 의한 개인차로 인해 아동 개개인이 갖는 상이한 요구에 잘 대처할 수 있다.
- 정신적 · 신체적 장애 및 어려움을 가진 아동도 아동답게, 행복하게 지낼 권리가 있다.

아동의 정서행동장애에 대한 진단기준이 세분화되고 정신건강에 대한 과학적 지식이 누적되어 병리 증상을 가진 것으로 판명되는 경우도 증가하고 있다. '특이하다'고 간주되던 아동도 상담이나 심리치료, 특수 교육을 통해 기능이 회복 또는 향상되어 아동 자신, 가족, 또래가 행복을 찾기도 한다. 이전에 상담실을 찾는 아동들은 문제아로 간주되거나 부모나 교사가 상담 의뢰를 꺼리는 경우가 많았다. 그러나 아동의 문제행동은 아동의 권리 실천, 개인적 성장, 가족과 또래의 행복을 위해 반드시 상담 의뢰해야 한다(아동상담의 정의와 필요, 고윙에듀).

박은주와 오숙자(2012)의 연구에서는 복잡한 현대사회를 살아가면서 가장 기본단위인 가족은 여러 가지 갈등 상황과 스트레스의 영향을 받게 됨으로써 아동의 건전한 발달을 위협받게 된다. 요즘 우리 주위에 있는 많은 아동이 신체적 · 심리적 · 정서적 · 성적으로 학대받고 고통당하는 실정에 처해 있으며 아동발달 적응상의 문제, 부모의 능력 문제 및 지역사회의 압박 등으로 인한 문제를 안고 있다. 그러므로 아동문제의 예방과 치료 및 건전한 성장 발달을 도모하는 차원에서 아동상담서비스는 매우 필요하다고 할 수 있다. 아동기는 그 어떤 시기보다 인간발달에 있어서 가장 중요하고 결정적인 시기이며, 이 시기에 경험하는 아동문제를 다루지 않으면 이후 성인이 되었을 때 사회적 적응이나 성격 발달에 부정적인 영향을 미치게 된다. 아동상담 사업을 일차적 서비스로 규정하는 것은 아동의 최적 환경이 가정이라는 기본 전제에 기인한다. 그러나 오늘날 다변화에 의해서 가족의 기능과 역할이 변하였고, 아동들은 하루 중 가정에서 보내는 시간보다는 유치원, 어린이집, 학교 등에서 온종일을 보내는 시간이 매우 길어졌다. 이로 인하여 가족 간의 바람직한 기능이 순화되지 않고 부정적인 영향을 미치게 됨으로써 아동기의 문제는 사회적 문제로 대두된 지 이미 오래된 일이다.

이 연구의 결론은 최근 중학교와 고등학교에는 청소년을 위한 상담실이 설치되었고, 전문 상담교사가 배치되어 점점 확대되어 가고 있다. 교육 현장에서 일어나는 다양한 형태의 심리적·행동적 갈등과 어려움에 대하여 상담교사와 상담을 통하여 바람직하고 긍정적인 성과를 이루어 내려고 노력하고 있는 일은 매우 바람직하다고 할 수 있다. 그러나 온종일 어린이집에서 부모와 분리되어 하루를 보내고 있는 아동들에게 정서적·심리적 안정감은 대단히 중요함에도 불구하고 인식이 부족한 실정에 있음으로 인하여 매우 안타깝게도 어린이집에서는 아동상담사 배치나 상담실을 설치하는 일에 대해서 아직도 전무한 상태에 있다. 본 연구결과를 보면, 부모의 어린이집의 아동상담 활동을 방해하는 가장 큰 요인으로는 어린이집 관계자나 보육교사들의 아동상담의 중요성 인식 부족이 가장 많이 나타났으며, 부모가 인식하는 어린이집의 아동상담 활동이 활성화되기 위해서 가장 시급한 문제로는 전문적인 자질을 갖추기 위한 상담연수가 필요하다고 가장 많이 나타났다. 이러한 문제를 해결하기 위해서는 보육교사에게 전문적인 아동 상담 연수 프로그램 및 교육을 정기적으로 실시하고 재교육을 통하여 인식 수준을 유지하도록 하여야 한다. 아동상담은 전문적인 교육과 훈련을 받은 상담자에 의해서 제공되는 전문적인 활동이며, 상담자는 아동을 긍정적이고 바람직한 방향으로 변화시킬 책임을 지고 수행하는 전문적인 관계인 것이다. 따라서 아동상담자는 아동상담에 대한 폭넓고도 전문적인 지식과 기술을 갖춰야 한다고 할 수 있다. 그러므로 어린이집에서 아동상담의 중요성 홍보 상담업무를 위한 보육교사의 과다한 업무 축소와 보육실습 시, 아동상담 부분 강화로 상담에 대한 인식 강화를 유도해야 한다. 아울러 지역사회에 있는 대학교나 관련 기관에서 적극적으로 프로그램을 개발하여 재교육을 실시하고 다양한 홍보 전략을 세워 부모와 가정에 상담 관련 필요성을 인식시키고 적극적으로 활성화하도록 하여야 할 것이다. 또한 어린이집 내에 상담실을 설치하여야 하며, 아동상담을 할 때는 지속적인 상담과 함께, 아동 특성 파악 후, 아동을 배려한 상담이 이루어져야 할 것이다.

한국청소년정책연구원 연구보고서에서 이창호, 강석영, 이동훈(2013)은 오늘날 우리나라의 아동 및 청소년들은 정보통신기술의 발달과 지식기반 사회로의 진입 등으로 인한 급격한 사회 변화를 경험하면서 대학 입시와 취업을 위한 경쟁적 생활환경 속에서 생활하고 있다. 이러한 현실은 청소년들의 학교교육에 대한 불만, 학교생활의 불만족, 학교생활 적응의 어려움을 야기하고 있으며, 결국 이것은 청소년의 학교부적응 문제와 일탈행동의 주요 원인이 되고 있다(한국교육개발원, 2012).

우리나라 아동청소년의 정신건강 관련 문제가 점점 심각해져 가며 과거에는 주목받지 못했던 아동의 정서 및 행동문제에 관심이 증가되고 있다(Rowling, Martin, & Walker, 2008). 초등학생의 경우, 최근 주목받고 있는 ADHD는 14.9%의 유병률을, 특정 공포증의 유병률은 18.4%를 보였으며(김윤, 이선영, 우무경, 이은정, 강미경, 2009), 중/고등학생의 경우, 우울증 경험률은 38.8%, 자살 사고율은 18.9%의 높은 비율이 보고되고 있는 것으로 나타났다(이진석, 이선영, 김명정, 최혜원, 한혜민, 2011). 또한 정신의학적으로 정신 병리의 진단을 내릴 수 있는 심한 형태의 증상을 보이는 학령기의 아동은 전체 일반 아동의 8%에서 10%까지 추정 가능하다는 선행연구(안동현 외, 2008)에서 알 수 있듯이, 우리나라의 아동 · 청소년의 정신건강과 관련된 문제는 방관할 수 없는 수준에 이르렀다.

아동기는 인지적 기능과 운동 및 놀이 기능을 나타내며 신체의 균형적 발달을 시작하는 시기이다. 이 시기에는 경쟁심이나 협동심과 함께 부모나 타인들로부터의 인정에 대한 욕구를 느끼고 알게 되며 그들 자신에게 보이는 태도에 의해 긍정적 자아관이나 부정적 열등감 등을 경험하게 된다. 아동기의 정신건강 측면에서 문제가 되는 행동으로는 도벽, 거짓말, 또래관계에서의 부적응이나 갈등 등을 들 수 있다(오영림, 2010). 아동기 거짓말 이면의 심리 상태는 애정결핍과 같이 타인에 대해 주의를 끌고 관심을 얻고자 하는 것이 많으며, 도벽의 경우에는 통제력 문제와 같이 자신의 행동이나 욕구를 조절하는 자기 통제력 또는 충동 조절의 문제가 함께 대두된다. 또한 또래관계에 있어서는 공격적 행동이나 과잉행동과 같은 부정적 행동, 상호작용에 있어서의 갈등을 유발, 또래들로부터 원만한 상호작용의 어려움으로 소외되고 주로 혼자 노는 행동을 보이기도 한다(오영림, 2010).

02 아동상담의 정의

아동상담은 유아와 아동 및 청소년과 상담관계를 맺는 것을 말한다. 상담관계는 전문상담자와 상담을 필요로 하는 아동 간의 의미 있는 상담과정을 형성하는 것을 의미한다.

상담은 정상적인 발달을 벗어난 비행, 퇴학, 정서적 혼란 등의 문제들을 예방할 수 있으며, 더 나아가 아동들의 건강한 성장과 발달을 위해 아동이 당면한 스트레스, 갈등, 정서적 문제들을 다룰 수 있도록 돕는 환경을 제공해 주는 것이다. 1960년대 이후 상담은 병리적 현상과 문제에 초점을 두던 적응상담이나 위기상담의 문제지향적 상담에서 벗어나 자기 이해와 자신의 잠재력에 대한 지각, 그리고 자신의 능력을 이용하는 방법 등을 발달시키는 데 목적을 둔 발달상담식 접근을 하고 있다. 그래서 이 유형의 상담은 개별화된 기르침이 아니라 개별화된 학습이 된다. 아동은 자신을 이해하도록 배울 뿐만 아니라 궁극적으로는 자신이 선택한 것과 자신의 행동에 책임을 지는 것을 배운다(김춘경, 2007).

상담 현장에서 흔히 아동문제를 호소하는 부모에게 하는 설명은 상담자는 아동인 경우에 상담이 필요 유무만을 판단하는 정도의 역할만 할 뿐이다. 가변성이 많은 연령대인 아동이므로 한 번의 종합심리검사만으로 문제를 단언하는 것이 상담적으로 크게 유의미하지 않고 중요한 포인트는 상담이 필요한 시점인지에 대한 판정이라는 의미이다. 여기에는 상담과 발달상담의 개념이 결합된 이론적 접근에서 설명이 가능한 부분이다.

발달은 각 아동의 신체적 성숙, 사회적 변화, 환경적 긴장상태와 개개인 성격의 상호작용을 통해 이루어진다.

하승민 등(2010)은 아동상담을 "아동의 성장, 발달에 지장을 주는 장애를 극복하도록 아동과 가족을 도와주고 아동의 적응 및 문제해결능력을 향상시켜 최적의 발달상태가 되도록 도와주는 전문적인 과정이다."라고 정의하고 있다.

강문희, 김매희, 현태옥(2018)은 아동상담을 아동이 당면하고 있는 환경에서 긍정적이고 보다 적극적으로 대처해 나갈 수 있는 잠재적 문제해결능력을 증진시킴으로써 긍정적 자아상 및 자신감과 함께 심신의 건강을 확보할 수 있도록 전문적으로 돕는 과정이라고 정의하고 있다.

정용부, 고영인, 신경일(1999)은 논문에서 상담의 정의를 다음과 같이 말하고 있다. 상담은 도움을 필요로 하는 사람이 전문적인 훈련을 받은 사람과의 상호작용 속에서 문제를 해결하고 인지적 · 정서적 · 행동적으로 변화하도록 노력하여 과거보다 더 적절한 삶을 자율적으로 살 수 있도록 하는 과정이라고 보았다. 이장호(1997)는 상담이란 도움을 필요로 하는 사람(내담자)이 전문적인 훈련을 받은 사람(상담자)과의 대면관계에서 생활과제의 해결과 사고, 행동 및 감정 측면의 인간적 성장을 위해 노력하는 학습과정으로 정의하고 있다. 상담은 개인적인 성장을 위해 상담자와 내담자의 대면적 관계를 통해 조력하는 활동이라고 본다(정순례, 양미진, 손재환, 2012).

설처와 스톤(Shertzer & Stone, 1980)에 의하면, 상담은 자기와 환경에 대한 의미 있는 이해를 촉진시키고 장래 행동의 목표나 가치관을 확립해서 명료화하도록 하는 상호작용의 과정이라고 하였다(재인용).

여러 학자의 상담의 정의에 나타난 상담의 특징을 보면 다음과 같다(이혜성, 금명자, 이재창, 박경애, 1996).

첫째, 상담은 전문 상담자에 의해서 제공되는 전문적인 활동이다. 상담관계는 일상적인 관계가 아니며 상담자가 내담자에 대해 긍정적인 방향으로 변화시킬 책임을 갖고 수행하는 전문적 관계이다. 따라서 상담자는 일상적인 관계에서는 발견할 수 없는 전문적 지식과 기술을 갖추어야 한다.

둘째, 상담은 상담자와 내담자의 관계에 기초를 둔 과정이다. 로저스는 특히 상담과정의 핵심은 상담자와 내담자의 신뢰 형성임을 강조하고 있다. 또한 Boy와 Fine(1982)도 상담자와 내담자가 진지한 배려관계를 형성할 때 비로소 내담자가 상담과정에 깊이 개입할 수 있다고 강조함으로써 상담과정에서의 상담자와 내담자의 관계를 중시했다. 결론적으로 성공적인 모든 상담은 상담자와 내담자의 관계형성에 의해 결정된다고 볼 수 있다.

셋째, 상남은 의사결정과 문제해결을 돕는 활동이다. 상담의 임무는 내담자로 하여금 자신의 고착된 습관에서 벗어나 의사결정을 하고 문제를 해결할 수 있도록 돕는 과정이다. 내담자는 의사결정능력과 문제해결기술을 학습한다. 상담은 내담자에게 문제해결에 대한 대안을 제시해 주는 것이 아니라 앞으로 직면해야 할 새로운 상황들을 효율적으로 해결할 수 있는 방법을 학습하는 경험의 장이다.

넷째, 상담은 내담자로 하여금 새로운 행동을 학습하거나 새로운 태도를 형성하도록 하는 것이다. 상담은 내담자가 자신의 생활공간에 대해 학습하는 교수-학습과정이다. 따라서 상담자는 교수자로서 변화시킬 내담자의 행동을 발견하고 변화에 필요한 저절한 상담전략을 계획해야 한다. 내담자의 행동 변화는 상담활동의 중요한 결과이다.

다섯째, 상담은 개인 존중에 기초한 상담자와 내담자의 상호협력 활동이다. 바람직한 상담관계는 상담자와 내담자가 대등한 위치에서 상담과정에 참여한다. 상담목표도 상담자와 내담자가 함께 협의하여 결정하고 구체화한다.

결국 상담은 도움을 받는 내담자와 도움을 주는 상담자와의 만남이 이루어지는 것이다. 이와 상담의 정의에 근거하여 상담의 구성요소를 다음의 세 가지로 요약할 수 있다.

상담의 구성요소는 첫째, 도움을 받는 사람, 둘째, 도움을 주는 사람, 그리고 셋째, 도움을 주는 사람과 받는 사람의 관계이다. 도움을 받는 사람은 내담자이고 도움을 주는 사람이 상담자이며 내담자와 상담자의 만남이 상담관계이다. 상담관계는 일상적인 생활에서 경험하는 일반관계와 다르다. 일반관계는 부모-자녀 관계,

교사와 학생 간의 관계, 친구 관계 등 우리의 일상에서 경험하는 만남의 관계이다. 내담자들은 주로 이런 일반적 관계에서 갈등을 경험하며 이런 갈등은 상담에서 주로 다루고 있는 내용들이다. 상담자는 온전히 내담자의 적응과 성장에 초점을 맞추며 내담자가 타인의 평가를 의식하지 않고 자신의 생각과 경험을 이야기할 수 있도록 돕는다. 이와 같이 상담 관계는 내담자가 편안하고 자유롭게 그리고 안전한 분위기에서 자신을 이해할 수 있는 관계이다.

상담을 통해 우리가 이루고자 하는 것은 무엇인가? 상담의 목표는 상담의 성과로 기대되는 긍정적인 결과를 말한다. 또한 상담의 방향을 제시하며 상담의 효과를 평가하는 기초가 된다. 상담목표는 상담이론에 따라 개인의 성장이나 자아실현과 같은 추상적인 심리적 특성의 성장부터 구체적인 행동 변화에 이르기까지 다양하다. 이를테면 정신분석 치료의 모교는 무의식을 의식화하여 자아를 강하게 하고 본능의 욕구보다 현실적인 자아가 능력을 발휘하도록 하는 것이다. 반면에 인간중심 치료의 목표는 개인의 자존감과 가치감을 회복하여 개인의 성장과 통합을 이루는 것이다. 그러나 어떠한 상담이론에 기초하든 관계없이 모든 상담의 근본적인 목표는 내담자가 현실에서 행복하고 만족스러운 삶을 살아갈 수 있도록 돕는 것이다(정순례, 양미진, 손재환, 2012).

여러 학자의 상담에 대한 정의를 바탕으로 안영진과 장선철(2001)이 정의한 아동상담의 기본 성격을 언급하면 다음과 같다.

상담은 도움을 필요로 하는 내담자와 도움을 주는 상담자가 있어야 성립된다. 상담은 내담자 혹은 상담자 중 어느 한 사람이라도 없으면 성립되지 않으며 개인이든 집단이든 어떠한 형태를 유지하든 간에 상관없이 두 참여자, 즉 상담자와 내담자가 존재해야 한다.

상담은 전문적인 교육과 훈련을 받은 상담자에 의해서 제공되는 전문적인 활동이다. 상담자는 긍정적이고 바람직한 방향으로 내담자를 변화하도록 책임지는 전문인이다. 그러므로 상담자는 깊이 있는 전문 지식과 기술이 필요하다.

상담은 언어나 문자를 매개로 하는 상담자와 내담자의 일대일 관계에서 시작한다. 상담에서 상담자와 내담자의 관계는 상호 깊은 신뢰가 바탕이 되며, 이를 기초로 한 관계는 상담을 원만하게 진행하는 데 도움을 준다.

상담은 내담자의 문제와 필요에 따라 진행되어야 하고, 내담자 자신이 상담 과정에서 경험한 통찰력을 통해 자기 문제를 스스로 해결하게 하여 상담의 책임을 내담자도 질 수 있도록 한다. 상담이 진행되면서 자기가 상담 전에 가졌던 생각, 예상, 느낌 등에서 변화를 가져오고 인간적 성장이 함께 이루어지는 상담이 되도록 한다. 더 나아가 내담자에게 새로운 행동과 태도를 갖도록 돕는다(오승아 외, 2018).

PART

02

아동상담의 이론적 접근

1. 정신분석 상담
2. 인간중심 상담
3. 행동주의 상담
4. 인지행동적 상담
5. 발달적 접근

01 정신분석 상담

프로이트

정신분석 상담 혹은 정신역동적 상담은 지그문트 프로이트(S. Freud)의 상담이론에 기초한다. 프로이트는 1856년 체코슬로바키아의 유태인 부모에게서 태어나 1873년 비엔나 대학의 의대에 진학하였고, 1939년 런던에서 생을 마감할 때까지 신경장애를 치료하는 데 전념하였다. 히스테리 치료에 최면을 사용한 장 샤르코(J. Charcot)와 연구하면서 프랑스에 1년간 머물렀으나 최면의 효과에 회의를 느낀 프로이트는 인간의 마음에 대한 카타르시스(catharsis) 효과를 밝혔던 조셉 보로이어(J. Breuer)와 협력 연구하였다.

프로이트는 환자의 신체 증상이 정신에 따라 다르게 반응한다고 생각하여 그들의 마음을 분석하였다. 마음은 환자들의 무의식에서 연유한다는 것을 발견하고, 프로이트 자신에 대한 무의식의 세계를 집중 탐구하기 시작하였다. 이러면서 성격 이론의 기초를 마련하게 되었다.

프로이트는 50년 이상의 관찰과 기록을 통해 인간의 정신역동적 분석 모델을 발달시켰으며, 그를 찾아온 환자에 대한 임상 연구를 실시하였다. 무의식의 세계에 접근하고자 환자들에게 자유연상 기법을 활용하였다.

그의 딸 안나 프로이트(A. Freud)는 아동을 연구하면서 놀이를 치료에 도입하였다. 안나 프로이트와의 동시대 인물인 멜라니 클라인(M. Klein)도 정신역동적 상담이론을 구축하는 데 기여하였다(김춘경, 2004).

안나 프로이트는 1920년대부터 아동을 대상으로 하는 분석을 적극 시도하였고, 아동심리 분석에 놀이를 도입하여 부모와의 협력 안에 상담을 진행하였다. 그녀는 사회적 환경과 내적 환경에 대한 분별 있는 적응은 아동이 노력한 결과라고 하였으며, 놀이에서 아동이 환경에 적응하려는 전략을 해석하기를 제안하였다. 그녀가 제안한 치료의 목표는 아동이 성숙할 수 있도록 지원해 주고, 나약한 자아 기능을 갖고 있다면 교육적 지원을 통해 개선하는 것이라고 보았다.

멜라니 클라인은 오스트리아 빈에서 태어나 1925년 영국으로 이주하여 정신분석 이론을 확립하였다. 안나의 아버지 프로이트가 아동기의 회상을 통해 성인의 임상 연구가 주요 내용이었다면 멜라니 클라인은 아동을 직접 대하면서 무의식이나 내면의 심리보다는 아동이 맺는 사회적 관계에 더욱 많은 관심을 두었다. 그녀는 아동의 놀이가 성인의 자유연상과 같다고 보았으며, 내담자로서 상담자와 맺는 관계에서 나타나는 전이에 대하여 해석하고자 하였다. 이러한 전이를 해석하기 위해서는 아동의 무의식적인 면을 명료화하는 작업이 필요하였다. 핵심적 치료 기법은 투사이며, 투사는 아동이 자기에게 있는 것을 타인에 속한 것으로 투영하는 무의식적 환상이다. 그럼으로써 자신은 원하지 않는 감정을 피할 수 있어 자유로움을 느낀다고 하였다. 클라인은 이러한 면이 아동기에는 정상적일 수 있으나 후에 성인이 되어 중요한 병리적 행동이 나타날 수 있다고 하였다. 이렇게 볼 때, 클라인은 전이와 해석을 아동상담의 중요한 치료 기법이라고 보았다(김춘경, 2004: 52-53).

프로이트에 의하면, 인간의 본성은 정신적 결정론과 무의식에 기초한다. 정신적 결정론은 인간이 생각하고 상상하거나 행동하는 데에 있어서 심리적 이유가 있다는 것이며, 무의식에 기초한다는 것은 한 개인이 자신조차도 인식하지 못하거나 의도하지 않았더라도 개인의 생각에 무의식이 영향을 준다는 것이다.

프로이트는 무의식의 세계로 잠재되어 있는 본능적 욕구에 관심을 갖고 있으며, 이러한 본능이나 충동은 생후 초기 6년 동안 심리성적 에너지인 리비도(libido)의 위치에 따라 다르게 나타난다고 하였다. 인간의 행동은 비합리적인 힘과 무의식적 동기를 갖고 있다고 하였으며, 각 개인에게 표면적으로 드러나지는 않지만 그의 성격을 결정짓는 요소라고 할 수 있다. 인간이 의식하는 마음은 '빙산의 일각'에 불과하다고 하였다(오승아 외, 2018).

1) 성격

(1) 성격 구조

인간의 정신은 의식(conscious), 무의식(unconscious), 전의식(pre-conscious)으로 구성되어 있고, 인간 행동의 대부분은 무의식에 의해 결정된다고 프로이트는 주장했다. 또한 인간의 성격은 원초아(id), 자아(ego), 초자아(superego)의 세 가지 구조로 구성되어 있다고 하였다(채경선, 2020).

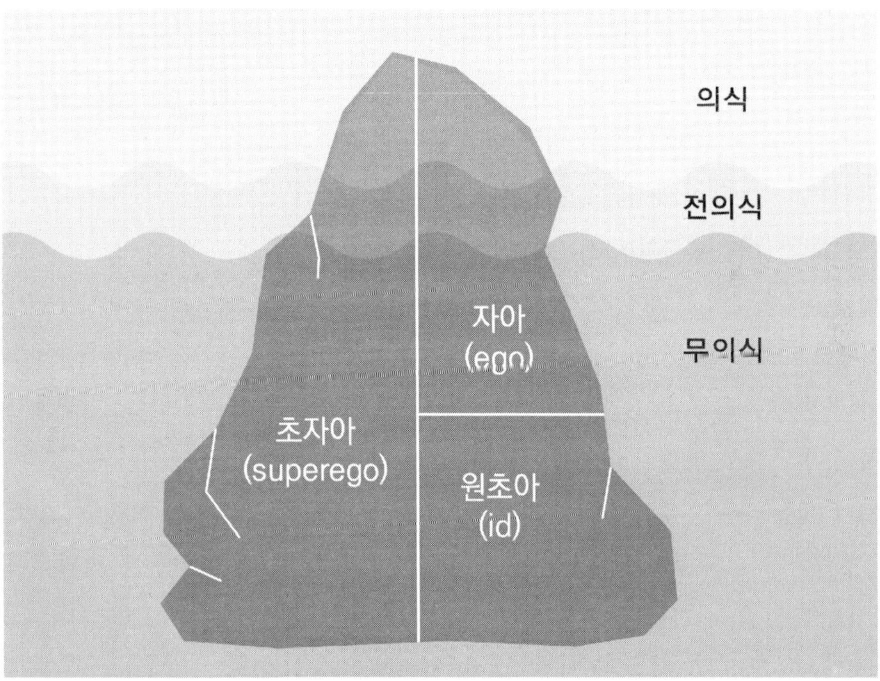

그림 2-1 성격의 구조

무의식은 인간의 감정, 생각, 행동을 결정하는 정신적 원인의 실체이다. 이를 이해하기 위해서는 우선 인간의 마음을 '아는 것'과 '모르는 것'으로 구분해 볼 필요가 있다. 이때 아는 것은 밖으로 드러난 것이고 모르는 것은 속에 숨겨진 것이다.

[그림 2-1]에서처럼 빙산의 일각이란 표현을 자주 쓰는데 바다에 떠 있는 빙산은 극히 일부분만 겉으로 드러나 있다. 밖에서 보기에 그것이 전부인 것 같지만 실제로는 빙산의 거의 대부분은 수면 밑에 가라앉아 있다. 우리의 눈에는 밖으로 드러난 것만 보이고 속에 숨겨진 것은 마치 그것이 존재하지도 않는 것처럼 보지도 알지도 못한다. 프로이트는 인간의 마음도 그렇다고 생각했다. 마음에 담겨진 것들 중에 인간이 이미 알고 있는 것은 의식이라고 하고, 존재하지만 자각하지 못하고 있는 것을 무의식이라 한다.

정신분석이론에 의하면 인간은 무의식적 존재이다. 인간은 자신에 대해 극히 일부분만을 깨닫고 있을 뿐이며 깨어 있는 의식은 무의식의 지배를 받는다. 인간이 겪는 심리적 문제는 무의식이 작용한 결과다. 무의식의 저장고에 고이 있어야 할 고통스러운 기억들이 마음의 방어력이 약해진 틈을 타고 의식상태로 올라오려 하는 과정에서 심리적 증상이 형성된다. 이런 의미에서 심리적 증상은 무의식 활동의 결과다(이장호 외, 2007).

성격구조론에서의 성격은 한 개인의 마음에서 원초아, 자아, 초자아가 어떻게 상호작용하느냐에 의해서 결정되는 것으로 제안된다(Freud, 1992). 원초아, 자아, 초자아의 힘이 적절하게 상호작용하는 것은 건강한 마음으로 제안된다. 반면에 힘의 균형이 무너져서 특정 하위요소의 에너지가 너무 커지는 경우에 마음은 천박하게 되거나 비윤리적인 문제행동을 유발하게 된다. 역동적 관점에서 보면 원초아, 자아, 초자아가 어떻게 에너지를 가지느냐에 따라서 한 개인의 마음은 병리적이 될 수 있는 것으로 설명된다. 또한 어느 요소가 에너지를 가지느냐에 따라서 나타나는 병리적 문제나 행동문제 또한 다를 것으로 제안된다.

프로이트의 성격구조론은 인간의 성격을 하위 구성요소들의 역동적인 관점에서 설명할 수 있다는 점에서 인간의 행동을 분석적으로 이해하는 데 도움이 되며, 비의식에 존재하는 에너지의 관점에서 인간의 행동문제를 살핀다는 점에서 인지적 접근이나 행동주의 접근과는 차이가 있다(정용석, 2013).

첫째, 원초아(id)는 가장 본능에 가까운 욕구로서 갈증, 공격성, 파괴, 배고픔 등 기초적 욕구를 말하며 대부분 무의식의 세계에 내재해 있다. 인간의 통제 밖에 있는 매우 생리적인 유아기 수준의 욕구를 말하며 이기적이며 충동적이고 쾌락을 즐긴다. 성인이 되어도 원초아는 쾌락의 원리를 따른다.

둘째, 자아(ego)는 인간의 성격에서 이성적이며 합리적인 성격을 갖고 있다. 주변 환경과의 관계 속에서 외부의 영향과 현실적 요구를 반영하여 행동한다. 원초적 자아가 강하게 작용할지라도 주변 사람의 충고나 조언에 따라 행동을 스스로 규제할 수 있다. 인간은 원초아와 자아 사이에 균형을 유지하고자 노력한다.

셋째, 초자아(superego)는 현실적인 욕구를 넘어 선과 악을 판단하는 도덕성과 양심에 따르는 행동이나 가치 기준이라 할 수 있다. 보통 종교인이나 사회적 지도자들 사이에서 주로 볼 수 있으며 양심의 원리에 따라 행동하는 것을 말한다. 개인 행동의 도덕적 기준으로서 행동을 제한하고 조정한다.

이 세 가지 구조의 관계를 살펴보면, 원초아는 프로이트가 제시한 성격 구조의 기본 단위이며, 현실과의 상호작용에서 자아를 형성한다. 자아의 주요 역할은 자기 보존이며, 본능적 욕구를 환경에 처한 현실에 따라 조정한다. 잘 기능하는 자아는 쾌락의 원리에 따라 행동하며 동시에 초자아에 해당하는 사회적 규범이나 도덕을 위반하지 않는 올바른 균형 상태를 말한다. 자아는 원초아와 초자아의 욕구와 현실 사이에서 적절한 균형을 유지해야 한다.

여기에서는 프로이트의 성격구조론의 세 가지 구성요소, 즉 원초아, 자아, 초자아의 관점에서 발달장애아동을 비롯한 아동들의 문제행동이 어떻게 나타나는지를 검토하였다.

먼저 성격구조론의 관점에서 문제행동의 발생과정을 보면, 원초아의 관점에서는 자아가 형성되지 않았거나 원초아의 에너지가 증가하여 자아나 초자아의 에너지가 작아질 때 나타난다. 자아의 관점에서 문제행동은 자아가 인간사회에서 요구하는 합리적 사고를 충분히 학습하지 못해서 일어나는 경우, 자아가 아직 유약한 경우 그리고 자아가 원초아의 욕동이나 초자아의 처벌충동을 잘 중재하지 못함으로 인해서 발생한다. 셋째, 초자아의 관점에서는 초자아의 힘이 너무 강력해서 끊임없이 비난받아야 하는 비의식적 욕동이 일어나거나 초자아가 일관성이 없거나 발달하지 않았을 때 일어날 수 있다.

성격구조론을 발달장애아동의 발달특성과 관련지어 고려해 보면, 다음과 같다.

첫째, 발달장애아동은 자아 발달이 유약하고 언어를 행동통제의 도구로 활용하지 못하여 원초아적 행동문제를 유발할 가능성이 크다.

둘째, 초자아의 발달에 어려움이 있기 때문에 행동을 통제할 수 있는 능력에 결함을 가지기 쉽다.

본 연구의 결론에 기초하여, 향후 일반아동을 비롯한 발달장애아동의 행동지도와 관련한 몇 가지 시사점을 제언하면 다음과 같다.

첫째, 아동들의 문제행동을 보다 비의식의 욕동을 고려하여 분석할 필요가 있다. 아동이 가진 문제행동은 아동 스스로 통제할 수 없는 비의식의 원초아 에너지나 초자아 에너지에 의해 발생할 수 있다.

둘째, 행동문제는 억압이나 통제만으로는 해결되지 않는다. 발달장애아동의 행동문제에 대해 보다 관용적이고 허용적인 관점에서 접근할 필요가 있다(정용석, 2013).

(2) 성격발달 단계

프로이트의 성격 발달 단계는 병리적으로 나타날 수 있는 단계별 문제의 가능성을 중심으로 언급하고자 한다. 프로이트는 6세까지 성격이 어느 정도 형성된다고 믿었으며, 각 단계별 수준에서 아동이 그 다음의 발달 단계로 자연스럽게 전환하도록 도와주어야 한다고 하였다.

① 구강기(0~1세)

출생에서 1년 동안 유아의 리비도는 구강기에 몰려 있다. 이 시기의 적응은 영아가 빠는 행위에서 적절한 욕구를 충족하고 음식을 씹는 행동을 배우는 데 있다. 구강기의 병리적 문제는 입을 통한 욕구 충족의 조절이 잘 되지 않으므로 빨기, 씹기, 깨물기와 관련하여 흡연, 먹기, 마시기, 죄책감과 의존성, 빈정거림이나 수다스러움 등이 나타날 수 있다.

② 항문기(1~3세)

리비도가 항문으로 이동하여 배변 훈련을 통해 쾌락을 경험한다. 배변 훈련은 양육자가 보이는 태도와 반응, 감정에 따라 영아의 성격이 다르게 형성될 수 있다. 영아는 배변 훈련이 시작되면서 독립심과 자율성을 확립해가고 주변 성인이 부정적으로 반응하는 것에 대해 인식하기 시작한다. 이 시기에 배변 훈련의 조절은 영아의 성격 형성에 중대한 영향을 미친다. 배변을 통해 즉각적으로 만족하거나 그 만족을 지연시키는 방법을 배운다. 예를 들어 완고하고 인색한 성격은 배변 훈련의 엄격함에서 기인하며, 관대함과 방종은 그 반대의 경우이다.

③ 남근기(3~5세)

이 시기는 자기의 신체에 대해 호기심을 가지며 특히나 생식기에 집중하여 몸을 탐색한다. 자신의 육체나 성적 차이를 자연스럽고 긍정적인 것으로 받아들이는 것이 필요하다. 남아는 어머니를 이성으로 느끼지만 거대한 신체를 가진 아버지에 대해 공격적인 감정을 갖는다. 하지만 아버지의 처벌을 두려워하여 부정적인 감정보다는 그를 모방하는 동일시 현상이 나타난다. 이를 오이디푸스 콤플렉스(Oedipus complex)라 하며, 여아도 아버지를 대상으로 엘렉트라 콤플렉스(Electra complex)를 갖는다. 처음에는 경쟁심으로 공격적인 감정을 갖지만 공포와 불안을 느껴 타협한다. 유아는 동일시 현상을 통해 남성이나 여성으로서의 역할을 학습하고, 부모 마음에 들려는 노력을 통해 초자아가 발달한다. 도덕적 기준을 배우는 이 시기는 엄격한 부모의 주입식 교육을 통해 과잉 통제 받았을 경우 공포감, 죄책감, 자책감, 낮은 자존감 등을 가질 수 있다.

④ 잠복기(6~12세)

성적인 관심사가 학교생활과 더불어 줄어들며, 이 시기의 아동은 또래 친구들과의 활발한 상호작용을 통해 기초 학습의 기술을 배우고 다양한 활동에 열중한다. 그러다 보니 우정의 개념을 확립하고, 사회적 기술을 향상시키는 여러 가지 경험이 필요하다. 사회성을 발달시키는 매우 중요한 시기이지만 그러한 기회를 충분히 갖지 못한다면 고립감, 외로움, 기초 학습 능력의 부족 등이 발생할 수 있다.

⑤ 생식기(13세 이상)

생식기는 청소년들의 신체가 성숙해지고 점점 이성에 대해 관심과 성적 충동을 표출하기 시작한다. 성적 친밀감과 본능에 대한 만족이 타인과 이성에 대해 좀 더 적극적인 태도를 갖게 한다. 이는 성숙한 사랑의 시작을 나타낸다. 건전하고 성숙한 성 개념의 확립은 이성 친구나 배우자와의 행복한 삶을 보장한다.

2) 문제의 근원

각 개인의 성적 에너지인 리비도가 입에서 항문으로, 항문에서 남근으로, 남근에서 잠복기로 들어가며 조금씩 성장해간다. 성적 에너지를 충족시키지 못하면 불안을 느끼는데 그 불안을 극복하고 최소한으로 자신을 보호하기 위해 자아 방어기제를 사용한다. 다시 말하여 자아 방어기제는 자신이 상처 받는 것에서 일시적으로 보호해 준다. 자아 방어기제를 과도하게 사용하면 현실을 왜곡하여 지각할 수 있으므로 유의해야 한다. 이렇게 자아 방어기제의 잘못된 사용이 인간의 부적응적 행동을 유발할 수 있다.

자아 방어기제는 자신이 느끼는 압력과 불안에 대비하여 자신을 보호하는 심리적 기제이다. 클라크(Clark, 1991)는 방어기제를 내면의 고통스러운 감정을 축소하려는 현실의 왜곡이라 하였다. 다시 말하면 갈등을 해결하고 불안을 제거하기 위해 사용하며 주변 환경에 적응하려는 무의식적 노력이다. 방어기제의 종류에는 부인(denial), 투사(projection), 고착(fixation), 퇴행(regression), 합리화(rationalization), 승화(sublimation), 전위(displacement), 억압(repression), 반동형성(reaction-formation) 등이 있다.

표 2-1 방어기제의 종류

종류	내용
부인 (denial)	현실에서 일어났던 위협적이거나 외상적인 사건을 받아들이지 않고 거절함으로써 불쾌한 현실을 깨닫기를 거부하는 것 예 월남에서 전사한 남편의 유품을 받고서도 "우리 남편은 죽지 않았어요. 이것은 무언가 착오가 있는 거예요"라고 말하는 여인
억압 (repression)	자아가 위협적인 내용을 의식 밖으로 밀어내거나 혹은 의식에서 용납하기 힘든 생각, 욕망, 충동 등을 무의식 속으로 눌러 넣어버리는 방어기제. 본질적으로 억압은 우리에게 불편함이나 고통을 가져다주는 존재에 대한 무의식적 부정. 프로이트가 "정신분석의 전체적 구조가 의존하는 주춧돌"이라고 부를 정도로 가장 중요한 방어기제 예 하기 싫고 귀찮은 과제를 하지 않고 "깜박 잊었다"고 말하는 경우
투사 (projection)	자신이 가지고 있는 좋지 않은 충동을 다른 사람이 가지고 있다고 원인을 돌리는 것. 자신의 결함이나 약점 때문에 갖게 되는 위협이나 불안으로부터 자아를 보호하고자 함 예 잘못되면 조상 탓한다(남을 탓한다).
전위 (displacement)	충동이나 욕구를, 원래 불러일으킨 대상에게 해소할 수 없을 때 그 대상보다 더 '안전한 상대'에게로 이동시켜서 그 충동을 해소하는 방어기제 예 언니를 미워하는 동생이 언니의 공책을 찢어버리는 행위, 상사에게 혼나고 사무실 문을 발로 차는 행위
반동형성 (reaction formation)	개인의 내면에서 수용할 수 없는 충동이나 욕구로부터 벗어나기 위해 오히려 그와는 정반대로 적극적으로 표현하는 것 예 미운 놈에게 떡 하나 더 준다. 아버지를 매우 싫어하는 아들이 아버지의 말에 무조건 복종하는 것
합리화 (rationalization)	용납되기 어려운 자신의 충동이나 행동을 그럴듯한 그러나 부정확한 핑계를 사용하여 받아들여질 수 있게끔 행동을 재해석하고 부호하여 자존심을 유지시키고자 하는 일종의 기만형 방어기제. 합리화는 무의식의 방어기제이므로 자신의 설명이 허구라고 의식하지 못하는 것으로 거짓말과는 다름 예 시험 전날 공부를 하지 않고 잠만 잤던 학생이 그렇게 쉬지 않으면 오히려 시험을 더 망칠 수 있었을 것이라고 생각하는 것

종류	내용
승화 (sublimation)	성적 · 공격적 에너지를 사회적으로 용납할 수 있는 형태로 바꾸어 때로는 칭찬까지도 받는 경로로 전환하는 것 예 공격적인 충동이 권투와 같은 체육활동으로 전환되어 운동선수가 되어 때로는 부수적으로 칭찬까지 받는 경우
퇴행 (regression)	위협적인 현실에 직면하여 덜 불안을 느꼈던, 그리고 책임감이 적었던 이전 발달단계의 행동을 하는 것 예 동생이 태어나 부모의 관심이 동생에게 집중되자 갑자기 말을 하지 못하고 대소변을 가리지 못하는 유아
동일시 (identification)	자신을 열등하다고 느끼는 사람들이 자신의 가치를 새롭게 할 생각으로 성공적 원인, 조직, 사람들과 동일시하려고 하는 것 예 갑자기 졸부가 된 사람이 타인의 시선을 의식하여 상류층 사람들이 모여 있는 클럽 등에 가입하여 자신을 똑같이 포장하려는 행위
보상 (compensation)	자신의 부족한 부분을 감추기 위해 약점을 지각하지 않거나 혹은 어떤 긍정적인 특성을 발전시키는 것 예 자신의 친부모에게 효도를 하지 못한 사람이 이웃의 홀로된 노인을 극진히 부양하는 경우
주지화 (intellectualization)	불편한 감정을 조절하거나 최소화하기 위해 지나치게 추상적으로 사고하거나 일반화함으로써 감정적 갈등이나 스트레스를 처리하고자 하는 방어기제 예 어머니를 잃고 주체할 수 없는 슬픔을 가진 아들이 장례 절차나 초대문구 등에 몰두하는 것으로써 슬픔을 느낄 틈을 없애는 것

인간은 불안을 느끼게 되면 자동으로 방어기제를 작동한다. 생존을 위한 적응기제의 일환으로 방어기제를 무의식적으로 작동하는 것이다.

방어기제에는 이러한 여러 종류와 특성이 있는데 아동은 한 가지 혹은 여러 종류의 방어기제를 사용하여 자신만의 생활양식이나 생활 습관을 만들어 간다.

다른 문제의 근원은 무의식적 욕구가 전혀 채워지지 않을 때 나타난다. 프로이트는 풀리지 않는 갈등, 억압, 막연한 상태의 불안이 공존한다고 한다. 불안한 마음은 무의식에 접근하여 본래 갈등을 이해하고 해결하면 없어지지만 그렇지 못하면 인간 내부에 존재하는 원초아와 자아의 특성이 달라 삶의 양극으로 나아가는 긴장 상태가 지속된다고 하였다.

유년 시설에 있었던 충격, 갈등이나 억압 등은 자신도 모르게 말이나 행동에서 나타난다. 프로이트는 성격의 세 가지 구조가 동시에 작용하는 가운데 원초아, 자아, 초자아가 서로 갈등하게 되며, 그런 상황에서 자아의 발달이 미약해지면 문제가 발생한다고 보았기 때문에 세 가지의 성격 구조가 균형적으로 잘 이루어져야 함을 강조하였다.

3) 상담 목표

정신역동적 상담의 목표는 무의식에 내재한 불안이나 심리적 상처를 해소하고, 무의식적 욕구가 충족되지 못하였다면 그것이 무엇인지 인식시켜 의식의 세계로 끌어 올리는 것이다. 심리적 상처의 근원적 이유를 파악하고, 그 이유에 대한 통찰력을 키워 내담자가 자발적으로 자신의 문제를 해결해 나가도록 도와주는 것이다. 처음에는 내담자 본인도 잘 몰랐고, 의식하지 못했던 사실 등을 끌어오기까지 매우 어려운 과정을 겪지만 정신역동적 상담에 기초한 여러 가지 상담 기법을 적용하여 상담의 목표에 도달할 수 있을 것이다.

4) 상담의 과정

이장호(2011)는 상담의 과정을 다음과 같이 언급하였다.

① 내담자가 갈등, 부정적 감정 등 도움을 필요로 하는 심리적 불편을 말하기 시작함

② 상담 장면의 행동에서 내담자가 신경증적 증세를 보임

③ 상담자는 자유연상, 꿈의 분석 등을 통해 내담자의 신경증적 갈등을 탐색함

④ 상담자가 내담자의 언어 내용에서 갈등의 핵심, 주제 내용과 관련된 행동 측

면을 추리함

⑤ 상담자는 전이 현상에서 내담자의 갈등이 표면화되도록 함

⑥ 상담자는 내담자의 저항적 언어 반응을 해석함

⑦ 상담자는 그러한 해석에 대한 내담자의 반응 및 수용을 격려함

⑧ 신경증의 감소 및 제거를 시작함

⑨ 내담자의 부정적 감정이 해소되고 정신 에너지를 해방시킴

⑩ 내담자에게 보다 적절한 언어반응은 물론이고 자아 통정력 및 통찰이 발생함

또한 알로우(Arlow)는 상담의 과정은 초기 시작 단계 → 전이 발달 단계 → 전이 훈습 단계 → 전이 해결 단계(노성덕, 2013)로 구분하였다.

정신분석 상담이 가능한 사람은 다음과 같다.

① 치료동맹을 맺을 수 있는 능력이 있는 사람

② 치료 작업을 위한 충분한 시간과 경제적 능력이 있는 사람

③ 치료적 퇴행을 견딜 수 있는 능력을 가진 사람

④ 전이신경증을 형성할 수 있는 능력이 있는 사람

⑤ 환상과 현실을 구별하는 능력이 있는 사람

5) 상담 기법

(1) 자유연상법

프로이트가 개발한 자유 연상법(free association)은 내담자가 마음속에 떠오르는 것을 가능한 한 많이 말하도록 지시하는 방법으로 어떠한 생각이나 감정을 억압하지 않고 마음속에 떠오르는 모든 것을 이야기하도록 격려한다. 전통적으로 내담자는 소파에 편히 누운 상황에서 자연스럽게 말하고 상담자는 내담자 뒤쪽에 앉아

자유연상을 통한 의식의 흐름을 따라갈 뿐이다.

이러면서 무의식의 생각과 갈등이 자유롭게 의식의 세계로 떠오르면서 어떠한 제재나 규칙 없이 내담자의 생각과 감정이 충분히 드러날 수 있다. 간혹 내담자의 생각에서 말하고 싶지 않은 부분도 있어 감정의 혼란을 겪을 수 있지만 이러한 정서적 표출이 감정의 정화(catharsis)를 가져온다고 하였다.

상담자는 자유연상에서 인어 이변에 보여지는 내담자의 감정이나 느낌, 억양, 몸짓 등 신체 언어에도 주의를 기울여 내담자의 증상에 대한 단서를 찾고 적절한 해석을 통해 내담자의 심리적 기제를 이해할 수 있다.

① 어떤 대상과 관련하여 마음속에 떠오르는 생각, 감정, 기억을 아무런 수정 없이 이야기하도록 하는 것

② 증상과 관련된 과거 경험이나 기억이 드러나, 내담자의 증상이 무의식적으로 어떤 의미를 지니는지 이해하는 과정

cf. 정화법: 내담자가 자신의 증세에 관해 이야기하는 것만으로도 히스테리 증상이 치료됨(Breuer & Freud)

(2) 해석

모든 해석이 이루어지기까지 걸리는 준비기간, 해석을 통해 통찰에 이르는 과정, 이것을 행동화하는 과정을 모두 포함한다.

표 2-2 해석과정

직면 단계	내담자를 특정 사실이나 체험에 직면하게 하는 단계
명료화 단계	직면한 사실, 사건, 의미를 더 정교하게 초점을 잡는 단계
협의의 해석 단계	내담자의 여러 가지 상황과 정보, 상담 장면에서 일어나는 일을 모두 종합하여 추론한 뒤 내담자에게 전해주는 단계
훈습 단계	분석과정에서 해석된 내용을 통합하고 해석과 더불어 유발된 내담자의 저항을 함께 극복해 나가는 단계

해석(interpretation)은 자유 연상이나 꿈에서 나타나는 것에 대한 의미를 찾아가는 과정을 말한다. 그 과정에는 내담자의 꿈 이외에 상담에서 보여주는 저항, 내담자의 감정 전이 상태 등에서 보여주는 내담자의 행동과 말을 분석한다. 해석을 통해 내담자는 자신이 미처 의식하지 못한 문제를 인식할 수 있다. 해석은 정신역동적 상담에서 매우 중요하고 조심스러운 부분으로 상담자의 분석 능력에 따라 해석의 수준은 달라질 수 있고, 이것이 내담자에게 미치는 영향은 크다. 그렇기 때문에 해석할 때 유의해야 할 몇 가지가 있다.

첫째, 해석의 시기는 내담자가 자신의 문제를 의식하기 시작하는 때가 적절하므로 내담자의 거부와 저항에 부딪히지 않도록 유의한다.

둘째, 내담자가 해석을 받아들일 수 있는 내용까지만 해석한다. 그가 상실감과 죄책감 등을 갖게 하지 않도록 해석을 언제 할 것이며, 어느 정도까지 할 것인지에 대한 시기와 수준을 조심스럽게 결정한다.

셋째, 내담자의 무의식적 내용을 해석하기보다 상담의 과정에서 나타내는 내담자의 방어기제는 무엇이며, 어떻게 저항하는지에 대한 심리와 태도를 먼저 해석하는 것이 바람직하다(하승민 외, 2008; 강갑원, 2004 재인용).

① 상담자가 내담자의 무의식적 내용을 내담자가 의식하도록 촉진하고, 무의식에 대해 통찰할 수 있도록 설명해 주는 것

② 내담자와의 자유연상 결과, 꿈 분석, 실언, 전이, 저항 등의 의미를 통찰하도록 설명해 주는 것

③ 해석의 단계

- 1단계: 내담자가 특정 사실이나 체험에 직면하도록 함
- 2단계: 직면한 사실, 사건, 의미에 초점을 두고 명료화함
- 3단계: 상담자는 다양한 상황과 정보 그리고 상담 장면에서 일어나는 경험을 파악하고 유추한 것을 전체적인 맥락 속에서 추론하여 내담자에게 설명해 줌

• 4단계: 분석 단계에서 해석된 것을 총합하고, 해석으로 인해 발생하는 내담자의 저항을 극복해 감(노성덕, 2013)

(3) 꿈의 분석

① 잠을 자는 동안 무의식에 대한 자아의 방어가 약해지므로 억압된 욕구와 본능적 충동이 의식의 표면으로 쉽게 떠오를 수 있음

② "꿈은 무의식에 이르는 왕도다."

프로이트는 꿈이 소원을 성취하고자 하는 내적 표현이라고 보았다. 꿈은 잠자는 동안 자아방어가 약해지고 억압되었던 감정들이 표면화되고, 내담자에게 이루어지지 못한 소원이 담겨 있다. 이처럼 꿈을 통해 개인의 무의식 세계가 여실히 드러난다고 하였다. 사람은 잠을 잘 때 억압되었던 욕구와 감정이 배출되기 때문에 상담자는 내담자의 꿈에 관해 배우고 해석하는 능력을 가져야 한다. 이러한 꿈에 대한 분석은 내담자에게 억압되어 있는 욕망과 욕구를 표출시키고, 꿈에서의 상징을 해석함으로써 자신의 문제에 대한 통찰력을 얻도록 도와준다.

'이르마'라 칭하는 프로이트의 여자환자 — '매력적인 과부' — 가 병에 걸려 프로이트의 치료에도 불구하고 낫지 않는 상황에서, 프로이트의 동료의사 오토(Otto)가 '더러운 주사기'(dirty syringe)로 이 환자에게 'trimetalamin' 같은 독성물질을 주입해서 상황이 이렇게 악화되었다는 꿈의 주인공 프로이트의 책임전가형 푸념이 담긴 꿈이다(《정신분석강의 59》 재현(representation): 칸트의 『순수이성비판』, 프로이트의 『꿈의 해석』).

프로이트는 1895년 여름 동안 자신이 이르마라고 부르는 환자를 치료해 왔다. 어느 순간 그는 이르마가 기꺼이 받아들이지 않는 특별한 치료 해결책을 제안했다. 이르마의 치료는 부분적으로 성공했지만, 완성되기 전에 끝났다. 얼마간의 시간이 흐른 후 프로이트는 이르마를 아는 동료와 함께 찾아가 그녀의 상태를 물었다. 프로이트는 이르마가 "더 낫지만, 꽤 잘하지는 못한다"는 통보를 받았다. 그날 밤, 프로이트는 현재 "이르마의 주사"로 알려진 꿈을 꾸었다. 그는 그것을 다음과 같이 묘사했다.

큰 홀 - 수많은 손님들, 우리가 받고 있던 - 그들 중엔 이르마가 있었다. 나는 마치 그녀의 편지에 답장을 하고, 아직 나의 '해결'을 받아들이지 않은 그녀를 나무라는 듯 그녀를 한쪽으로 데리고 갔다. 나는 그녀에게 '아직도 통증이 있다면 그건 정말 네 잘못일 뿐이야.'라고 말했다. 그녀가 대답한다: '내가 지금 목과 배와 복부에 어떤 통증이 있는지 네가 안다면, 숨이 막힐 거야.' - 나는 놀라서 그녀를 바라보았다. 그녀는 창백하고 부은 것처럼 보였다. 결국 유기농 문제를 놓치고 있는 게 틀림없다고 나는 속으로 생각했다. 나는 그녀를 창가로 데리고 가서 목구멍을 내려다보았는데, 그녀는 마치 인공 틀니를 한 여자들처럼 고집을 부린 기색을 보였다. 나는 그녀가 그렇게 할 필요는 정말 없다고 혼자 생각했다. 그리고 나서 그녀는 입을 제대로 벌렸고 오른쪽에서 나는 커다란 하얀 패치를 발견했다; 다른 곳에서 나는 코의 터빈의 뼈에 분명히 모델링된 몇몇 놀랄만한 곱슬곱슬한 구조물들에 있는 넓은 하얀 회색 조각들을 보았다. - 나는 즉시 M박사를 불렀고, 그는 검사를 반복해서 그것을 확인했다. M박사는 평소와는 전혀 다른 모습이었다. 그는 매우 창백했고, 다리를 절며 걸었고, 턱을 깨끗이 면도했다. 내 친구 오토도 이제 그녀 옆에 서 있었고, 내 친구 레오폴드는 그녀의 보디스를 통해 그녀를 설득하고 있었다. '그녀는 왼쪽 아래에 둔탁한 영역을 가지고 있다.' 그는 또한 그녀의 왼쪽 어깨의 피부 일부가 침투되어 있음을 암시했다.(나는 그녀가 옷을 입었음에도 불구하고, 그가 그랬던 것처럼 이것을 알아차렸다.) … M.는 '감염은 의심의 여지가 없지만, 문제가 되지 않는다; 이질은 슈퍼 벤지될 것이고 독소는 제거될 것이다.'라고 말했다. 우리도 감염의 원인을 직접 알고 있었다. 얼마 전, 그녀가 몸이 좋지 않을 때, 내 친구 오토는 그녀에게 프로필, 프로필, 프로피온산, 트리메틸아민(그리고 나는 내 앞에 무거운 활자로 인쇄된 이 공식을 보았다)을 주사했다... 이런 종류의 주사는 함부로 주어서는 안 된다... 그리고 아마도 주사기가 깨끗하지 않았을 것이다.

수면 중에는 의식이 아닌 무의식적 상태가 되어 방어기제가 약화된다. 이때 억압되었던 욕망이 떠오르게 된다. 꿈은 내담자의 무의식적인 세계를 알 수 있는 중요한 단서가 되며 꿈에는 내용 면에서 두 수준이 있다. 첫째, 잠재된 내용으로 숨겨진, 상징적인 무의식적 동기, 소망, 두려움으로 이루어진 잠재몽이 있다. 둘째, 표현된 내용으로 잠재된 내용을 이루는 무의식적인 성적, 공격적 충동이 너무 고통스럽고 위협적이기 때문에 꿈꾸는 사람에게 일어나는 꿈으로 변형되어 나타난다. 이를 현재몽이라고 한다. 꿈의 잠재된 내용이 보다 덜 위협적인 현재적 내용으로 변형되는 과정을 꿈의 작업이라고 한다. 상담자는 꿈의 현재적 내용에서의 상징을 탐색하여 위장된 의미를 밝혀내는 것이다. 자유연상을 통해 내담자는 과거의 경험을 회상하게 되고 차단되어 왔던 강렬한 감정을 발산시킬 기회를 갖게 된다.

(4) 저항

저항은 상담 과정에서 문제가 분명히 드러나는 것이 두렵거나 싫어져서 불안을 해소하기 위해 자아 방어기제를 계속 사용하거나 비협조적인 태도를 갖는 것을 말한다. 저항이 발생하는 원인은 상담을 진행하는 데 있어서 내담자가 고통스러워하거나 자아가 불안해지기 때문이다. 상담자는 저항에 대한 의미를 해석하여 내담자의 문제가 무엇인지 직시하고 저항의 개인별 원인을 파악할 수 있어야 한다. 아울러 내담자가 사용하는 자아 방어기제를 통찰할 기회를 수시로 가질 수 있어야 한다. 내담자가 보이는 저항의 의미를 이해하고, 내담자에게 적절하게 해석한다.

저항은 무의식에 묻힌 체험을 의식화하고 신경증적인 갈등해소 방법을 포기하며 삶의 고찰을 통해 얻을 수 있는 성취감을 체험하면서 이러한 것을 방해하는 모든 사고와 상상과 감정과 행위라고 볼 수 있으며 내담자의 합리적인 지이능력의 표현, 유아적인 환상의 결과라 할 수 있다. 저항은 상담의 진행을 방해하고 내담자가 무의식적 자료를 생각해 내는 것을 지지하는 것으로 현 상태를 유지시키고 변화를 막는 모든 생각, 태도, 감정, 행동을 말한다. 저항이 나타날 경우 상담자는 첫째, 내담자가 현재 저항을 하고 있다는 것을 인식해야 한다. 이후 상담자는 내담자가 상담 중에 왜 저항을 하고 무엇에 저항을 하는지 어떤 방법으로 하는지를 이해해야 한다. 이후 내담자에게 저항을 해석해 준다.

저항에 대한 해석의 효과적인 시점은 첫째, 내담자가 현재 자신의 저항을 직면할 수 있는 자아강도가 있을 때, 둘째, 내담자의 수치심과 죄책감, 불안이 어느 정도 완화되었을 때, 셋째, 내담자가 스스로 자기분석이 가능하고 자기비판적인 기능을 수행할 수 있을 때, 넷째, 내담자가 어느 정도 상담자의 기능과 자신의 기능을 동일시하고 상담자의 기능을 내재화할 수 있을 때 등이다.

(5) 전이

정신분석이 진행됨에 따라서 내담자가 과거에 경험한 타인과의 관계, 특히 부모와의 관계 등이 재현되어 상담자에게 옮겨지는 것을 전이라고 한다. 가장 중요한 고비이다. 전이를 분석함으로써 내담자의 현재 기능에 대한 과거의 영향을 통찰할 수 있다. 전이관계의 해석은 지금 그들을 고착시키고 정서발달을 지연시키는 옛 갈등을 알 수 있게 해준다.

전이는 과거에 주요 타인에게서 경험하였던 감정, 욕망, 기대 등을 현재 상황에 적용하거나 불안으로 인한 갈등이나 대인관계 문제를 현재 상황에서 반복하는 것을 말한다. 내담자가 상담자를 또 다른 사람으로 인식하기 때문에 감정 전이의 분석과 해석이 필요하다. 감정 전이는 상담 과정에서 과거에 해결되지 않았던 감정이나 반응을 표출할 수 있으며, 과거를 재현할 수 있는 효과적인 상담 기법이다. 상담 및 심리치료 과정에서 전이의 해석이 성공적이면 내담자는 과거로부터 벗어날 수 있으며, 더 나아가 정서적으로 성숙한 인간으로 성장할 수 있다.

① 내담자가 상담자와의 관계에서 무의식 속에 묻어두었던 생각이나 감정을 드러내는데, 이 태도나 행동을 주의 깊게 관찰하여 그것이 가진 의미를 이해하고 해석함

② 내담자의 전이에는 시점과 대상의 왜곡이 존재함

cf. 역전이: 상담자가 내담자에게 전이를 나타내는 것(노성덕, 2013)

(6) 훈습(working-through)

① 상담과정에서 얻은 통찰을 실생활 속에서 실천에 옮기도록 하는 것

② 내담자가 분석을 통해 알게 되고 결심한 것들을 일상생활에 적용할 수 있을 때까지 반복적으로 해석과 지지를 제공해 주는 과정

02 인간중심 상담

로저스

인간중심 상담은 칼 로저스(Carl Rogers)의 비지시적 상담 이론에 기초한다. 1950년대는 비지시적 상담이라 불렀으며, 1960년대는 내담자중심의 상담, 1970년대 이후부터 인간중심 상담이라 불리었다. 이 상담 이론은 인간에 대한 긍정적이고 인본주의적인 관점에 바탕을 두고 있으며, 내담자의 적극적이며 책임감 있는 참여를 강조하고 있다(하승민 외, 2008: 70).

칼 로저스는 미국의 일리노이 주에서 가족의 유대가 강하고, 종교적인 분위기가 엄숙한 가정에서 태어났다. 그의 가족은 적극적으로 일하는 것을 인생의 중요한 가치로 생각하였다. 위스콘신대학교에서 농학을 공부하였으나 2년 후 세계기독교 학생연맹(WSCF)의 국제 모임에 참석하고자 중국을 방문하였다. 유니온 신학교 대학원에 진학하면서 학교 맞은 편에 위치한 콜롬비아대학교 사범대학에서 강좌를 수강하였다. 이때 심리학과 정신의학에 대한 관심을 갖게 되었고 유니온 신학교의 레타 홀링워쓰(L. Hollingsworth)의 밑에서 일하면서 아동지도에 점점 흥미를 가졌다. 드디어 아동상담연구소에서 연구원으로 참여하여 아동심리학에 첫 발을 내딛게 되었다. 그 후 뉴욕 로체스터의 아동학대예방협회(SPCC)에서 일하였고 콜롬비아대학교 사범대학에서 박사학위를 취득하였다. 이 기간 동안 로저스는 치료 면접을 수행하면서 내담자와의 상담에 몰두하였고 1939년 『문제아동의 임상치료』라는 책을 저술하였다. 1940년 오하이오 주립대학 교수가 되었고, 1942년 『상담과 심리치료』에서 로저스는 사람에게 적절한 환경이 주어지면 문제를 스스로 해결할 수 있고, 상담 관계는 상담자의 온정과 공감적 반응에서 출발할 수 있다고 적고 있다. 이는 당시 정신분석학과 지시적 상담이 지배하던 미국

심리학계의 새로운 바람이었다. 로저스는 제자들과 상담회기를 분석하여 내담자 중심의 상담 사례를 발표하였다.

1945년 시카고대학교로 자리를 옮겨 1951년 『내담자 중심 치료』를 출판하였다. 이 시기에 만난 제자 엑슬린(Axline)은 아동 중심 놀이치료의 주요 인물로서 로저스의 영향을 받았다. 그 후 위스콘신대학교로 자리를 옮겨 심리학과와 정신의학과에서 모두 일할 수 있었고, 로저스는 특히 신경증을 앓고 있는 환자들에게 관심이 컸다.

1966년 캘리포니아의 라 졸라(La Jolla)에 있는 서부행동과학연구소에서 연구와 상담 및 치료 활동을 지속하다가 1968년 몇몇 동료와 인간연구센터를 창설하였고, 1970~1980년대 집단을 대상으로 하는 인간중심 치료 연구에 몰두하면서 남은 여생을 보냈다. 로저스는 내담자중심 상담을 자주 언급하였으나 1970년대 이후 자신의 상담 이론을 인간중심이라고 명명하였다(오승아 외, 2018).

정신분석의 진단적이고 해석적인 면과 지시적인 면에 대한 입장에 대해 반대하고 비지시적 상담을 표방하면서 새로운 상담 원리를 제시하고 있다. 로저스 이론의 형성되는 첫째, 비지시적 단계로 감정의 반영과 비지시적 기술들이 강조되었고, 상담자가 허용적이고 비간섭적인 분위기를 만들어야 한다고 강조한다. 둘째, 내담자중심 단계로 도움을 구하는 의존적 내담자로 취급하기보다는 한 사람의 책임감 있는 내담자로서 취급되어야 함을 강조한다. 셋째, 이론의 적용 단계이다. 내담자의 행동뿐만 아니라 상담자의 유기체적 경험이 상담과정에 중요한 요인임을 강조한다. 넷째, 인간중심 단계이다. 1975년부터 현재까지 사람들이 어떻게 힘을 얻고 공유하고 나누거나 혹은 굴복하며 타인과 자신을 통제하는지에 대한 관심을 포함하여 로저스 이론은 널리 퍼지게 된다.

상담에서 가장 중요한 요인은 내담자와 상담자가 맺게 되는 관계의 질이다. 상담자는 내담자가 스스로 성장할 수 있도록 동기화할 수 있는 최적의 환경을 제공하는 사람이어야 한다. 로저스의 인간중심 상담은 인본주의 철학에 근간을 두고 있으며, 개인이 성장할 수 있는 분위기를 제공하는 태도와 행동들을 중시하는 데서 나타난다. 로저스의 인간중심상담은 실존주의의 영향을 받기도 하였다. 내담자의 지각을 강조하고 상담자로 하여금 주관적 세계로 들어가도록 요구하는 면에서 실존주의의 기본적인 근간이 되는 현상학의 영향을 받았다고 가정하기 때문이다.

1) 인간관

인간은 적절한 환경과 조건만 갖추어지면 자신의 잠재력과 성장 가능성을 가진 존재이다. 인간중심 상담은 모든 사람이 바람직한 방향으로 성장을 할 수 있는 잠재력을 갖고 있다는 기본적 가정하에 개인의 긍정적인 성장에 초점을 맞추고 있다. 따라서 인간중심 상담에서 내담자가 성장의 잠재능력을 충분히 발휘할 수 없는 것은 왜곡된 상황에서 자신의 성정을 방해하는 부정적 행동을 선택하기 때문이다.

로저스에 의하면 개인의 행동은 객관적 현실에 의해 설명되는 것이 아니라 개인이 그 현실에 대해 지각하는 주관적 현실에 의해 이해되어야 한다. 즉 개인은 자신을 둘러싸고 있는 세계에 대한 주관적 인식이나 경험에 따라 행동한다. 한 개인이 자기 성장을 방해하는 부정적인 행동을 선택하는 것은 자신의 세계에 대한 주관적 경험이 부정적이기 때문이다(정순례 외, 2012).

(1) 실현경향성

인간은 근본적으로 합리적 · 사회적 · 전진적 · 현실적인 존재이다. 질투나 적개심 등과 같은 반사회적 정서는 실제로 존재하고 치료에서도 나타나지만 오히려 사람이나 소속감, 안정 등과 같은 기본적 욕구들이 좌절되었기 때문에 나타난 반응이라고 한다. 인간은 근본적으로 협조적 · 건설적 · 진실한 존재로 본다. 인간이 방어를 하지 않을 때 그들의 반응은 긍정적이고 건설적이다. 따라서 인간의 공격적, 반사회적 충동을 억압하고 통제하려고 하기보다는 인간을 좌절시키거나 인간 내부에서 대립을 이루는 욕구들 간의 균형을 이루도록 해야 할 것이다. 인간은 자신의 잠재력을 실현하려는 경향성을 가지고 있다. 모든 사람은 이미 태어난 순간부터 자신이 되고자 한다면 어떤 것이든 될 수 있는 가능성과 잠재력을 가지고 있다는 것이다. 그러나 현재 좌절을 겪고 있다 하더라도 그것은 그의 가능성이나 잠재력 부족에서가 아니라 자신의 가능성을 발견하지 못하여 제대로 실현하지 못했기 때문이라고 본다.

(2) 지금-여기(Here-and now)에서의 존재

지금 그리고 여기에서 인간이 어떻게 생각하고 느끼는지가 행동을 결정하는 유일한 요소로 본다. 과거는 과거일 뿐 현재와 다르다. 또한 사람이 항상 같으리란 법은 없다. 로저스는 현재의 자기 속에서 참된 가치와 의미를 발견하는 것에 초점을 둔다. 지금-여기에서 사람들이 발견하는 의미가 그가 원래부터 가지고 태어난 실현경향성과 부합할 때 비로소 발전과 성장이 가능하다고 본다. 그 반대로 그 의미가 실현경향성과 일치하지 않을 때 심리적 문제가 발생하게 된다고 본다.

(3) 충분히 기능을 발휘하는 사람의 특성

인간은 한 가지 기본적인 성향을 타고나는데 그것은 경험하는 유기체를 보전, 유지하고 향상시켜서 마침내 실현하고자 하는 성향이다. 인간에게는 정확하게 경험을 자각할 수 있는 잠재능력과 경향성이 있다. 인간은 타인으로부터 긍정적인 존경을 필요로 하며 또한 긍정적인 자기 존경을 요구한다. 이런 요구가 해결될 때 인간이 유기체를 실현하고 경험을 정확하게 상징하려는 경향성은 완전히 실현된다. 즉 이런 조건들이 최대로 주어질 때 인간은 충분히 기능을 발휘하게 되며, 현재 진행되는 자신의 자아를 완전히 자각하게 된다.

- 충분히 기능을 발휘하는 사람은 경험에 개방적이다.
- 충분히 기능을 발휘하는 사람은 실존적 삶, 즉 매 순간에 충실한 삶을 영위한다.

- 충분히 기능을 발휘하는 사람은 자신의 유기체를 신뢰한다.
- 충분히 기능을 발휘하는 사람은 창조적이다.
- 충분히 기능을 발휘하는 사람은 어떠한 제약이나 억제 없이 선택의 자유를 가진다.
- 충분히 기능을 발휘하는 사람은 어려움에 직면할 수 있다.

2) 성격 구조

로저스는 실제로 체계적인 성격발달단계에 대한 이론을 가지고 있지 않다. 인간중심 상담의 성격이론은 변화를 가져오는 조건들에 초점을 맞춘 이론이라 할 수 있다.

성격에는 유기체, 현상학적 장, 자아 등 세 가지 핵심 요소가 있다.

첫 번째 요소인 유기체는 사고와 감정, 행동을 할 수 있는 사람으로서 일차적인 행동 목직은 욕구를 만족시키고자 하는 것이다. 이후에는 유기체를 유지하고, 발전시키고, 강화시키기 위해 노력한다.

두 번째 요소는 현상학적 장이다. 현상학적 장은 유기체 다시 말해 개인이 특정 순간에 인식하고 경험하는 주관적인 경험을 말한다. 사람들은 대상을 지각하고 경험하며 그 대상에 의미를 부여한다. 세상 사람들이 각기 다르게 생긴 것처럼 개인마다 자신의 관점에서 세상을 다르게 본다. 의미 부여된 대상은 현상학적 장에서 개인이 지각한 것이다. 따라서 한 개인을 이해하려면 그가 지각하고 있는 현상학적 장을 우선적으로 이해하는 것이 필요하며, 환경과의 상호작용 결과에서 사람들이 현상학적 장에서 지각하는 것 중 일부분이 자아(self)로 분리된다(이숙 외, 2004 재인용; 하승민 외, 2008: 72).

세 번째 요소는 자아이며, 로저스의 이론 중 가장 중요한 성격구조이다. 자아는 현상학적 장에서 개인이 인식하는 경험의 세계를 분리한 부분이다. 자아는 자기에 대한 개념으로 '나는 누구인가', '무엇을 할 수 있고 무엇이 될 것인가'에 대한 고민을 갖고 있다. 타인과의 상호작용에서 자신이 경험한 현상학적 장과 '나'를 분화시켜 마음속의 이미지로 만들어 가며 자아상을 형성할 수 있다(강경미, 강란혜, 송주미, 2006: 101).

유아기에 형성된 자아상은 앞으로 성장하는 동안 다양한 사람과 상호작용을 할 예정이며, 많은 경험에 따라 성숙해지고 복잡해진다(하승민 외, 2008: 72).

자아 개념은 현실적 자아(real self)와 이상적 자아(ideal self)로 나뉘며, 현실적 자아는 자신이 어떠한 사람으로 인식하고 있는지와 관련 있고, 이상적 자아는 미래에 어떠한 사람이 되고 싶은지 등에 대하여 고민하는 부분이다.

모든 유기체는 자신의 현재 상태에서 좀 더 발전하도록 잠재력을 키워 성숙하는데 노력을 기울이는 경향을 갖고 있다. 이를 자아실현 경향성(self actualization)이라고 부른다.

로저스가 인간에게 자아실현 경향성에 대해 언급하면서 현상학적 장에서의 자아와 유기체의 기능이 일치하면 '완전히 기능하는 사람(fully functioning person)'이라 부를 수 있다고 하였다(강경미, 강란혜, 송주미, 2006: 102). 완전한 삶의 기능을 보이는 사람들의 특성은 다음과 같다.

- 완전히 기능하는 사람은 경험에 대하여 개방적이다.
- 완전히 기능하는 사람은 매 순간을 충분히 누리며, 실존적 삶을 산다. 과거의 회상이나 미래를 예측하지 않고 매 순간에 새로운 것을 경험한다.
- 완전히 기능하는 사람은 유기체적 신뢰를 갖는다. 타인의 판단보다는 자신의 평가에 의해 행동하며, 만족스러운 행동에 도달하는 방법으로 자신을 신뢰한다.
- 완전히 기능하는 사람은 자기가 선택한 인생을 자유롭게 살아간다. 행동과 그 결과에 책임을 지고 모든 일을 스스로 선택한다.
- 완전히 기능하는 사람은 창조적 삶을 살아간다. 건설적으로 살아가며 사회의 규율에 얽매이기보다는 자신의 요구를 만족시키면 산다.

3) 심리적 증상의 의미(이장호 외, 2008)

인간은 완전히 기능하는 사람으로 살아가고 싶어 한다. 완전히 기능하는 사람은 현상학적 장과 자아가 일치한다. 보통 현상학적인 장에서 분리된 자아는 세상에 대한 개인의 지각과 행동의 근거가 된다. 현상학적 장과 자아가 일치할 때, 자신이 타인으로부터 사랑과 존경을 받고 싶어 하는 욕구가 충족된다. 하지만 경우에 따라 현상학적 장에서의 경험이 자신의 자아와 불일치를 보이면 그 안에서 개인은 불편하거나 위협을 느낄 수 있으며, 불일치 상태가 지속하면 현실에 대한 방어, 왜곡된 사고, 경험 자체의 부인 등 부정적인 반응이 나타나기 시작한다(하승민 외, 2008: 74).

불일치가 심화되면 심각한 심리적 부적응이 생긴다(김순혜, 2001: 43). 현실의 왜곡이 지나쳐 현실적으로 완전히 기능하는 사람이 될 수 없다는 것이다. 심리적 부적응에는 특히 부적합감과 낮은 자아감이 공통적으로 나타난다. 타인과 주변 세계와의 의사소통이 단절되고, 개인의 의사소통 능력도 현저히 떨어진다.

인간중심 상담이론에서 개인의 심리적 문제는 외석으로 부여된 가치 조건에 따라 형성된 자기 개념이 여기와 지금에서의 경험을 부정하고 왜곡하게 될 때 발생한다.

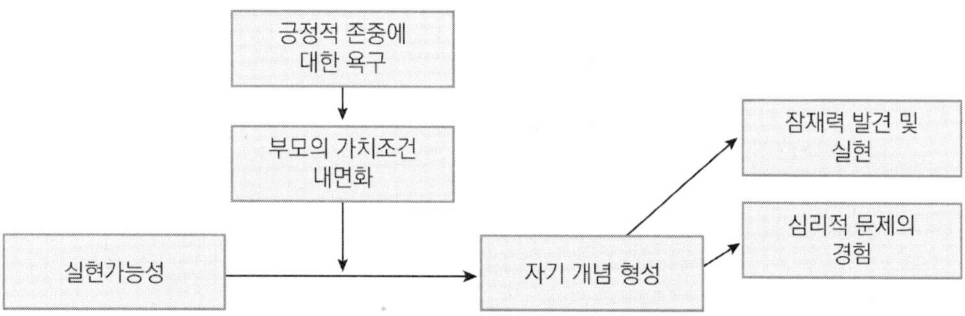

그림 2-2 심리적 증상의 형성과정

로저스는 아동기 경험이 자기 개념과 경험의 일치 혹은 불일치에 미치는 영향을 연구했다. 모든 사람은 사랑받고 수용 받으려는 욕구를 가지고 있는데 생의 초기에 부모가 대부분의 애정욕구를 충족시켜 주지만 어떤 부모는 애정을 조건적으로 표현한다. 즉 아동이 부모의 기대에 맞게 행동할 때에만 애정을 표현한다. 이처럼 부모의 사랑이 조건적일 때 아동은 자신이 무가치하다는 것을 경험하여 부정적인 자기 개념이 싹틀 수 있다 이렇게 되면 부모가 자신을 수용할지 수용하지 않을지 걱정하게 되고 불안해 한다. 반면에 부모가 무조건적으로 애정을 표현하면 자신이 사랑받을 가치가 있다고 생각하여 긍정적인 자기 개념이 싹틀 것이다. 특히 자신에 대한 다른 사람의 사랑이 조건적이라고 생각하면 수용받기 위해서 점점 더 자신의 경험을 왜곡시킬 수 있다.

자기 개념은 아동기와 성인기를 통해 발달한다. 자기 개념이 안정될수록 개인이 편안해지고 그런 자기 개념에 충실해진다. 자기 개념에 충실하게 되면 두 가지 효과가 있다. 첫째, 사람들은 자기 개념과 일치하는 방향으로 행동하려고 한다는 측면에서 자기 개념은 일종의 자기 충족적 예언이다. 예컨대 자기 자신을 냉정하고 사려 깊은 사람이라고 생각한다면 의식적으로 그렇게 행동하겠지만 어쩌다 충동적으로 행동하게 되면 불편을 경험할 것이다. 둘째, 사람들은 자기 개념과 일치하지 않는 정보에 대해서는 저항적이다. 정보가 일치하지 않으면 심리적 불균형이 파괴될 수 있다. 자신이 생각했던 것보다 냉정하지 않다는 증거를 발견하게 되면 그런 증거를 반박할 방법을 모색할 것이다.

로저스는 자기 개념이 위협받으면 불안을 경험한다고 하였다. 자기 개념이 부정확할수록 자기 지각과 상충되는 경험일 많아질 것이다. 따라서 현실과 일치하지 않는 자기 개념을 가지고 있는 사람일수록 반복해서 불안을 경험하기 쉽다. 이런 불안을 방어하기 위해서 사람들은 자기 개념과 일치하는 방향으로 자신의 경험을 재해석하려고 한다. 자기 개념을 보호하고 유지하기 위해서 현실을 무시하거나 부인하거나 왜곡시킬 수 있다. 예컨대 어떤 사람이 자신을 아주 좋은 사람으로 생각한다고 가정해보자. 그런데 친구들이 자신을 너무 이기적이고 자기중심적이라고 말하는 것을 들었다면 어떻게 반응할까? 아마도 자기 개념을 보호하기 위해 자신의 이기적으로 행동했던 예들을 생각하지 않거나 무시하려고 할 것이다. 또는 친구들이 자신을 질투해서 그렇게 말했다고 해석하거나 자신이 실제로 좋은 사람이라는 것을 나타내 보이기 위해 자선을 베풀 수도 있을 것이다. 여하튼 사람들은 자기 개념을 방어하기 위해 모든 노력을 동원한다(채경선, 2020).

4) 상담 목표

인간중심 상담의 목표는 사람들이 좀 더 자율적이고 자발적이며, 자신감을 갖도록 도와주는 데 있다(Rogers, 1968). 개인이 자신의 내면세계를 지각하고, 그 안에서 무슨 일이 일어나는지 알게 되면 감정을 두려워하거나 감추는 일을 그만할 수 있다. 타인의 기준에 의해 살아가기보다 자신의 가치를 수용하고 자신의 판단에 믿음을 갖게 된다. 인간중심 상담에서 목표로 하는 것은 계획과 행동에 대해 고민하고 행동 단계별 성과에 대하여 논의하는 것이다. 또한 미성숙한 행동에서 성숙한 행동으로 변화하고, 방어적 행동을 줄여 욕구 좌절에 대해 인내심을 키우고, 인생의 과업마다 역할 수행을 향상시키는 것이 상담의 목표가 된다(Thompson & Rudolph, 2001: 144).

궁극적 목표는 제 기능을 충분히 발휘하는 사람으로 성장하도록 도와주는 것이다. 완전히 기능하는 사람으로 키워내려면 내담자 스스로 생활에 직면하여 문제를 해결할 수 있으며 자신이 선택한 것을 신뢰하고 자신의 감정을 타인에게 강요하지 않는다. 이러면 개인은 자신과 타인을 존중하고 가치 있는 존재로서 높게 평가할 수 있다.

요약하면, 상담의 목표는 개인이 가진 자아 개념과 개인 경험 간의 불일치를 없애 자아 방어기제를 제거하고 경험에 대한 왜곡을 줄여 자신에 대한 이해를 더욱 잘 할 수 있게 도와주는 데 있다.

5) 상담 기법

인간중심 상담은 '거기와 그때(there-and-then)'로 표현되는 무의식의 세계와 과거의 경험이 문제가 아니라 '여기와 지금(here-and-now)'의 내담자 심리에서 출발한다. 현재 이 순간과 이 장소에서부터 내담자 상담을 시작한다.

인간중심 상담에서의 상담자 기능과 역할을 언급하면 다음과 같다(강경미, 강란혜, 송주미, 2006: 103-104).

- 상담자의 태도가 내담자에게 성격의 변화를 일으키게 한다. 상담자는 자신을 내담자 변화의 도구로 활용한다.
- 상담자는 내담자의 성장을 촉진하는 치료 분위기를 조성한다.
- 상담자는 내담자와의 관계에 있어서 기꺼이 진실한 태도를 가져야 한다. 상담자의 진지한 배려, 수용, 이해는 내담자의 방어적인 태도와 인식을 바꾸게 한다.
- 상담자는 내담자가 자신의 내면에서 진행되는 경험을 이야기하도록 상담의 초점을 맞추어야 한다. 이를 위해 상담자는 내담자가 현재 갖고 있는 감정을 반영하는 것이 중요하다. 반영은 내담자의 마음에서 느끼는 여러 감정을 거울에 비추듯 상담자가 내담자에게 보여주는 것을 말한다.
- 상담자는 내담자의 긍정적이며 부정적인 정서 반응을 수용, 인정, 명료화하여 자유로운 언어 표현을 격려하고 지지한다.
- 상담자는 내담자가 문제 행동을 수정하는 데 도움이 되는 대안적 선택을 탐색하는 데 도움을 준다.

이러한 상담자와 내담자의 관계에 기초하여 상담자가 사용할 수 있는 여러 상담 기법을 소개하고자 한다. 상담 기법이 구체적이지 않지만 우선 상담자의 태도와 관련한 인격적 특성에 중점을 두어 설명하고자 한다.

(1) 진실성과 일치성(진정성)

진정성은 크게 세 가지로 압축할 수 있다. 자신의 느낌에 대해 개방된 태도를 갖는 일, 거짓 없이 솔직하게 자신을 드러내는 일, 상대방이 믿고 의지할 수 있는 신뢰감을 심어주는 일 등이다(Rogers & Stevens, 1967 재인용). 진실성은 상담자가 내담자에 대한 느낌이나 생각을 있는 그대로 솔직하고 충실하게 표현할 수 있어야 한다. 내담자와의 관계에 있어서 일어나는 모든 일을 진실하게 말이나 행동으로 나타내는 것을 말한다.

그 가운데 상담자는 상담 시 느끼는 내면의 느낌과 이의 외적 표현을 일치시키는 일치성이 필요하다(박성희, 2001). 내담자에 대하여 긍정적이나 부정적인 감정이 생기면 상담자의 기분 상태와 내담자에게 전달되는 태도와 감정이 일치하여야 한다. 긍정적인 면만 표현하고 부정적인 면을 표현하지 않는 것은 상담자의 진실한 태도가 아니다.

(2) 무조건적 긍정적 존중

인간중심 상담은 내담자가 인간으로서 갖고 있는 통합적 가치를 인정해주는 것이므로 그의 내재적 가치와 존엄성을 인정한다. 이처럼 내담자가 유아나 아동이더라도 그의 태도와 행동을 존중해 주어야 한다. 무조건적 존중은 상담자가 내담자에게 하는 진단, 비교, 평가가 아니라 있는 그대로의 가치를 수용하는 자세를 말한다.

상담자가 내담자에게 긍정적 자세를 유지하면 내담자는 자신을 있는 그대로 표현할 수 있는 자유로운 존재가 되어 그 동안 드러내지 못해왔던 숨은 감정이나 능력을 발현할 수 있는 가능성이 높아진다. 이는 내담자가 존중 받고 있음을 느끼게 해주어 상담에 적극 참여하게 된다.

(3) 공감적 이해

상담자가 상담의 과정에서 내담자가 표현하는 경험이나 감정, 의견들을 내담자의 입장이 되어 이해할 수 있는 능력을 말한다. 공감적 이해를 위하여 상담자는 내담자를 정확하고 민감하게 인식하고 이해할 수 있어야 한다. 내담자의 생각이나 감정에 무조건 동의하는 것이 아니라 따뜻한 마음을 갖고 내담자의 입장을 이해하려고 노력해야 한다. 하지만 상담자가 가질 수 있는 객관적 태도는 유지해야 함을 잊지 말아야 한다(하승민 외, 2008: 76).

(4) 다양한 기법들

로저스의 상담 이론이 인간중심이라고 했듯이 아동에게 적용할 경우 아동중심 상담이라 할 수 있다. 인간중심의 상담은 상담자와 내담자의 관계 형성에 초점을 두기 때문에 상담 관계를 형성하는 것 자체가 상담 기법이 된다. 구체적인 상담 기법이 없다는 것이 인간중심 상담의 한계이기도 하지만 내담자를 변화시키는 것은 인간 대 인간으로서의 관계에서 출발한다고 본다. 넬슨(Nelson, 1972)이 인간중심 상담에 기초하여 소개하는 몇 가지 기법을 제시하면 다음과 같다(김순혜, 2001: 50-52).

- 침묵: 상담자가 아동의 말을 듣고 있으며, 좀 더 듣기를 원할 때 사용할 수 있다. 아동이 생각을 정리하여 표현하도록 기다려 주기도 하고, 끈기 있는 상담자의 태도를 보여줄 때 침묵한다. 내담자는 편안한 상태에서 자기의 내면을 좀 더 드러내어 깊은 수준의 사고와 감정을 보여줄 수 있다.
- 명료화: 아동의 상황을 이해하고자 하는 상담자의 의도를 나타내는 반응 기술이며, 아동이 말한 내용이나 표현을 상담자의 말과 용어로 새롭게 다시 표현해 주는 것이다. 내담자가 진술한 문장을 단순화시켜 명료하게 아동을 이해시키는 과정이다.
- 질문: 아동의 감정, 사건, 경험을 보다 깊이 파악하기 위해 사용하는 질문으로 폐쇄식 질문과 개방식 질문이 있다. 폐쇄식 질문은 '예', '아니오' 같은 간단한 대답을 요할 때와 특정 문제를 조사할 때 사용한다. "개방식 질문은 어떠하니?" 와 같은 내담자가 문장으로 표현할 수 있도록 하는 질문이며, 자기 탐색을 하는 데 도움을 줄 수 있다. 질문을 자주하면 내담자의 방어적 태도를 유발하니 조심스럽게 사용한다.
- 격려: 아동의 행동을 적극적으로 지지하고 강화해 주는 것이다. 이를 기회로

아동은 자신이 가치롭고 존중 받고 있다고 느낀다. 이는 문제 해결을 스스로 하고 감정 조절도 혼자 통제할 수 있다는 자신감을 갖게 해준다.

- 요약: 상담이 종료될 때, 상담 내용에 대하여 간결하게 설명해 주고, 다음 상담 회기를 안내할 때 필요한 상담 기법이다.
- 감정 반영: 아동이 표현한 감정과 태도를 다른 말로 표현하는 것을 말한다. 아동은 자신이 말한 것을 상담자가 다시 말해 주면 자신을 수용하고 존중하고 있다고 생각한다.
- 직면: 상담의 과정에서 아동에게서 발견한 모순을 직접적으로 설명하지 않고 부드럽게 지적하는 시도로 직면을 사용하는 경우는 첫째, 아동이 이전에 말한 내용과 다르게 말하여 모순점을 발견했을 때, 둘째, 아동이 말한 내용과 반대로 행동할 때, 셋째, 상담자의 개인적 경험에 비추어 아동이 거짓말을 한다고 판단할 때 사용한다. 직면을 통해 아동은 자신의 모순된 행동, 언어, 감정 등을 파악할 수 있다.
- 주도: 아동이 자신을 위한 행동을 하도록 하는 것으로 스스로 자신의 문제 해결과 관련된 행동을 선택하여 실행하는 주도성을 갖게 한다. 주도할 수 있으려면 문제 해결력을 키워야 할 것이다. 문제 해결 기술이 생기면 행동으로 옮기고, 행동 연습이 이루어지면 상담을 종료할 수 있다.

6) 상담 관계 설정 시 한계의 중요성

상담 시 어떤 결정적인 한계를 설정하는 것은 지나치게 인위적이라거나 불필요한 과정이라고 생각될 수 있다. 하지만 모든 상담상황에서 경험없는 혹은 경험이 부족한 많은 상담자가 결국 깨닫고 애석하게 느끼게 되는 어떤 종류의 한계가 있기 마련이다.

- 만약 아동이 선물을 달라고 하면 정말 주어야 하는가? 어느 정도까지 줄 것인가?
- 만일 아동이 육체적인 애정, 즉 스킨십을 요구한다면 만족시켜 줄 것인가? 무한정으로?
- 만일 아동이 상담자에게 부모 혹은 학교와의 중재를 요청해오면 그렇게 해 줄 것인가? 어느 정도까지 해 주어야 하나?
- 적응을 못하는 한 아동이 화장실에서 용변을 보고 있는 상담자를 보고 싶다고 하면 허락해 주어야 하는가?

아동과 성인 상담 시에 내담자는 여러 가지 요구를 하고 또 욕구를 표현하기 마련인데 이것들 중에는 상담자가 자신의 태도를 분명히 밝혀야 하는 것들이 있다. 훈련을 받지 못했거나 아직 비전문적인 상담자는 내담자에게 상처를 주지 않으려는 착한 마음에서 시간이나 애정 혹은 책임에 대한 내담자의 요구가 상담자가 감당하기에는 너무 커질 때까지 이 요구들을 들어주려 하고 또 내담자에게 도움이 될 것이라고 느끼는 거의 모든 것을 하려는 경향이 있다. 그러다 감당할 수 없게 되면 애정과 도와주려고 했던 상담자의 의욕은 거부와 혐오로 변하여 내담자를 비난하고 배척하게 된다. 그 결과 내담자는 또 한 사람이 자기를 배반했다고 느끼고, 기꺼이 도움을 주겠다고 장담하던 또 한 사람이 막상 스트레스를 받고 있을 때 실제로는 아무런 도움도 주지 않는다고 느낀다. 내담자는 상담자의 이 서툰 시도 때문에 결정적으로 때로는 영원히 상처받을 수도 있다.

결국 모든 상담에는 한계가 있다. 문제가 되는 것은 이 같은 한계가 분명하고 정확하게 정해지고 이해되고 효과적으로 사용되고 있는지 아니면 내담자가 이 한계를 도움이 매우 절실한 순간에 자신을 방해하려는 장애물로 여기는지 하는 것이다. 물론 전자가 가장 좋은 방법인 것은 분명하다. 다음은 이 같은 한계가 정해지는 일반적 형식이다.

(1) 책임의 한계

상담자가 분명하게 정해야 하는 한계의 하나는 내담자의 문제와 행동에 대해서 상담자가 져야 하는 책임의 범위이다. 책임은 언제나 내담자가 져야 제일 효과적이다. 심리치료에 있어서 가장 일반적인 문제 중 하나이고 또 건설적으로 취급되기만 하면 성장을 촉진시키는 데 가장 도움이 되는 것 중의 하나이다. 내담사는 문제해결의 책임을 끈질기게 상담자에게 떠넘기려고 할 수 있다. 그러나 서투른 상담자가 되지 않기 위해서 내담자의 문제와 내담자를 둘러싼 관계 문제를 보다 건설적으로 잘 다루는 방법에 대해 깊이 생각해 볼 수 있도록 지적하는 기회로 잘 이용한다면 보다 상담에 유익한 주제가 제기될 수 있을 것이다.

(2) 시간의 한계

상담시간의 한계는 몇몇 학자에 의해 어떤 신비로운 중요성이라도 있는 듯이 논의되어 왔다. 시간의 종결은 모든 분리의 상징이고 출생할 때 겪는 심리적 외상과 관계가 있다고 간주될 수도 있다.

상담 상황에서 시간의 한계는 다른 여러 한계와 마찬가지로 상담상황이 일상생활과 유사하도록 실제적인 모든 측면을 제공해 주는 데 도움을 준다. 비록 그것이 실생활에서의 일들과 비교해 보면 작은 것이기는 하지만 내담자가 더 큰 일에 대해서 느끼는 모든 감정과 행동유형을 드러낼 수 있는 기회를 마련해 준다. 내담자가 불쾌하게 여길지도 모르고 또 그 한계에 대해 상담자와 다툴지도 모른다. 내담자는 또 상담자가 자신을 거부하는 것으로 받아들이고 마음에 상처를 받을 수도 있다. 내담자는 이런 한계를 모두 무시하고 상담상황을 지배하려고 할지도 모른다. 또한 다음 상담에 늦게 오거나 또는 아주 오지 않음으로써 복수를 하려고 할 수도 있다.

경험에 의하면 시간의 한계가 명확히 이해되고 엄수되는 경우에 치료가 제일 잘 진행된다. 물론 시간의 한계를 무자비하리만큼 단호하게 지키라는 것은 아니다.

상담은 인간관계이지 기계적인 장치는 아니다. 이 한계는 이 한계를 꺼리는 내담자의 욕구를 따뜻하게 이해하면서 지켜진다고 하는 편이 더 좋을 것이다.

(3) 공격적 행동의 한계

어린 내담자인 아동과의 놀이치료 시에 해당되는 경우가 많다. 다른 사람과 다른 사람의 소유물에 해를 입히는 것에 대한 한계이다. 비록 아동이 주어진 틀—정해진 공간과 일정한 기구들—안에서 적대심을 행동으로 표현할 수 있는 최대한의 자유를 보장받고 있지만 무분별하게 이 자유가 주어지는 것은 결코 아니다. 예를 들면, "여기서는 얼마든지 떠들어도 좋지만 대기실에 나가서는 떠들면 안 돼.", "저쪽 선반 위에 있는 것은 무엇이든 가지고 놀아도 좋고 어떤 놀이를 해도 되지만 이쪽 선반 위에 있는 책과 물건들은 안 돼." 등이다.

"오늘 나한테 화가 많이 났구나"라는 간단한 말도 보통 상담자에 대한 공격을 막는 데 충분하다. 왜냐하면 그 감정을 깨닫기만 해도 공격하려는 욕구가 감소되기 때문이다. 그러나 때로는 한계를 다음과 같이 말로 표현해야 할 경우도 있다. 예를 들면, "나한테는 얼마든지 화내도 좋지만 그렇다고 나를 때려서는 안 돼." 등이다.

(4) 애정의 한계

상담자가 표현하는 애정의 한계이다. 이 점은 어린 내담자인 아동을 대할 때 가장 분명하게 정해지는 것이긴 하지만, 모든 연령의 내담자를 대할 때도 한계가 있으며 또 그 한계는 인정되어야만 한다. 이 점은 선물과 같은 보상을 요구하는 것으로 뚜렷하게 나타나기도 한다. 이미 설명했듯이 그것에는 확실히 상담자에게 의존하려는 욕구가 개입되어 있다. 또 상담관계를 상담시간 이외에서도 계속 사교적인 관계로 지속하려는 내담자의 욕구에 관계된 점이기도 하다. 이 문제는 상담자가 상담하고 있는 다른 아동과의 관계를 위태롭게 할 수도 있다(한승호, 한성열 역, 2009).

(5) 상담자에게 있어서 한계의 가치

한계는 내담자에게 결정적인 가치가 있으며, 상담자에게도 도움이 된다. 한계는 상담자가 더욱 편안해지고 더욱 효과적으로 그 역할을 할 수 있도록 해주며, 자연스럽고 자유롭게 내담자를 다룰 수 있는 틀을 마련해 준다. 관계가 잘못 설정되면 내담자는 항상 상담자에게 과도한 요구를 하게 될 우려가 있다. 그렇게 되면 상담자는 내담자를 도우려다가 자신이 함정에 빠지지 않을까 조심하면서 미묘하게 방어적인 채로 있게 된다. 그러나 만약 상담자가 자신의 역할에 한계가 있다는 점을 분명히 이해한다면 이 방어를 떨쳐버리고 내담자의 필요와 감정에 더 민감해질 수 있다. 또 내담자가 자신을 재조직화시켜야 하는 관계에서 상담자는 안정적인 역할을 할 수 있게 된다(한승호, 한성열 역, 2009).

03 행동주의 상담

왓슨

행동주의는 프랑스 철학자 꽁뜨의 실증주의와 다윈의 동물 행동학에서 그 기원을 찾을 수 있다. 꽁뜨는 인간의 감각에 의해 객관적으로 관찰될 수 있는 것만이 유용한 것이며, 직접관찰에 의한 사실만이 타당한 지식으로 받아들여야 한다고 주장했다. 행동주의 영향을 준 또 다른 철학은 다윈에게 영향을 받은 동물심리학에 기원을 두고 있다. 동물심리학은 동물의 행동과 사람의 행동 사이의 연계성을 강조하면서 동물을 관찰함으로써 인간을 좀 더 잘 이해할 수 있다고 주장했다. 동물심리학은 신체적 구조뿐만 아니라 정신적 과정에도 동일한 관심을 불러일으켜 기능주의로 발전하게 되었다(Schultz, 1969 재인용). 실제 유용한 것만을 최고의 가치로 여기는 기능주의는 행동주의 발달에 영향을 준 세 번째 철학으로서 인간행동에 대한 내성적(introspective)이며 이론적 접근을 실질적으로 관찰할 수 있는 것으로 바꾸는 데 도움을 주었다(양명희, 2021).

행동주의적 접근법은 1950년대에 시작해서 1960년대 초반에는 당시에 지배적이던 정신분석적 관점에서 급속히 분리되었으며, 고전적 조건화, 조작적 조건화, 인지적 관점의 접근법이 대표적이다.

행동은 심리적 변화에 의해서 변화하는 것이 아니라 외적 자극 및 환경의 영향으로 변화한다. 자극과 반응에 의해 형성된 연합학습의 결과이다. 11개월 된 알버트에 대한 흰쥐 실험을 한 왓슨(Watson)에 의해 처음 행동주의라 명명되었다. 쏜다이크(Thorndike)는 최초의 조작적 동물실험, 효과의 법칙, 시행착오학습, S-R결합이론 등을 주장하였다. 파블로프(Pavlov)의 고전적 조건형성(동물의 조건반사)은 소화과정을 연구하기 위해 개의 침샘을 연구하던 중 우연히 발견한 조건형성원리이다. 반사라는 행동양상이 있어야 한다. 내성법-자기관찰로 실험실에서 내성을 통해 의식을 관찰하고 보고하게 함으로써 의식을 구성하는 심정 요소를 밝히는 것이다. 초기 행동주의자들은 인간은 좋지도 나쁘지도 않은 상태로 이 세상에 태어나며 환경의 자극에 의해 반응하는 유기체로 보았다.

신행동주의로 톨만(Tolman), 헐(Hull)이 있다. 톨만은 목적적 행동주의자로서 게쉬탈트심리학의 영향을 받았다. 행동주의에 인지를 결합했다. 매개변수로서 개인의 인지적 특성 및 목적성이 자극과 반응 사이에 개입된다고 본다. 헐은 자극과 반응 사이에 매개변수로서 생리적 결핍과 같은 욕구가 개입된다. S-O-R 이론의 연구자인 스키너(Skinner)는 급진적 행동주의자이며, 조작적 조건형성의 주창자이다. 조작적 조건형성은 두 종류의 강화로 이루어질 수 있는데 음식, 칭찬, 토큰과 같은 바람직한 정적 강화와 유기체를 고통스럽게 하거나 불쾌하게 하는 부적 강화이다.

행동과학의 입장에서는 심리학은 과학이다. 인간을 객관적으로 다룰 수 있는 분야는 관찰가능한 행동이다. 결정론적 입장에서 인간성은 중립 수동적이며, 모든 행동은 학습된다. 비생리학적 입장에서는 행동과학자는 환경을 분석해야 한다. 비현상학적 입장에서는 현상학이란 경험의 과정을 다루는 학문이지만 스키너의 심리학은 비현상학적이다. 경험은 내적 인간의 영역에 대한 개념이다. 조작 조건화의 입장에서 R(반응)-S(자극)은 스키너의 이론이다. 조작이란 임의의 행동에 변별자극을 가하는 즉 즉관시키는 것을 의미하며 그렇게 해서 행동을 습관화시키는 것이다(박경애 외, 2010).

1) 문제의 근원

(1) 인간 본성에 대한 관점

최근 행동치료는 인간행동에 대한 과학적 관점에 근거하며 이것은 상담에서 체계적이고 구조적인 접근을 의미한다. 이 관점은 인간은 단지 사회문화적 조건의 산물이라는 결정론적 관점이 아니라 그 자신의 환경을 산출하는 주체자라는 것이다(Bandura, 1974~1977).

스키너(1984, 1971)와 같은 급진적 행동주의자들이 자기 결정과 자유의 가능성을 배제하는 반면에 최근의 경향에서는 내담자에게 스스로를 통제할 기회를 주며 그렇게 함으로써 그들의 자유의 범위를 넓혀 주려고 하고 있다. 행동수정은 내담자의 반응 선택이 늘도록 하기 위해 개인의 기술을 증가시키는 것을 목표로 하고 제한된 선택 행동에 주목함으로써 개인이 전에는 이용할 수 없었던 가능성들로부터 보다 자유롭게 선택할 수 있는 기회를 부여한다. 이와 같은 행동주의 개념에서는 개인이 어떻게 자신의 행동을 수정하는지에 대한 자기 수정을 최종적 적용으로 보고 있다.

(2) 기본 특성과 가정

- 행동주의 심리학의 대상은 관찰가능한 외현적 행동이며 외현적 행동을 다룸으로써 행동주의 심리학은 방법론적으로 자연과학이다.
- 행동은 과학적으로 통제, 예언할 수 있다.
- 행동은 외적 자극에 의해 결정된다. 그러므로 인간성은 중립 수동적이다. 그런 점에서 인간은 기계론적으로 설명되며 인간의 주체성은 문제되지 않는다.
- 행동은 학습된다. 그러므로 습관화된 행동을 재학습시킬 수 있다.
- 한 행동을 묘사할 수 있는 구체적이고 객관적인 용어로서 치료 목표를 구체화한다.

2) 상담의 목표

(1) 행동주의 상담의 목표

행동주의 상담은 행동요법, 조건화 요법으로도 불린다. 부적응행동을 변화시킬 것을 목적으로 실험적으로 입증된 학습원리를 적용하여 부적응행동을 변화 및 제거함과 동시에 적응행동을 촉발 및 강화하는 방법이다. 프랭크(Franks, 1969)는 행동요법, 즉 조건화요법이란 실험적으로 확립된 학습원리에 바탕을 둔 일련의 치료방법이다. 행동요법과 학습이론을 응용하여 행동을 수정하는 방법이다. 행동요법(병적 행동이 치료대상임) 〉 행동수정(정상적 행동, 정도가 가벼운 이상행동을 치료대상으로 함)

행동요법의 성립과 설립과정은 다음과 같다.

- Skinner & Lindsley(1954): 행동요법이란 용어를 처음 등장시킴
- Wastson& Rayner(1920): 알버트의 흰쥐실험이 행동요법의 기초적 적용사례임
- Jones(1924): 3세 피터의 토끼공포반응 제거
- Skinner(1953): 만성적 정신병 환자의 행동조성
- Wolpe(1950년대 초): 신경증치료에 이완법에 의한 역제지이론
- Behavior Research and Therapy(1963): 행동요법에 관한 최초의 전문지 발간
- Mahoney(1970): 인지행동수정
- Bandura(1977): 사회학습이론
- Meichenbaum(1977): 인지적 행동수정

행동주의 상담의 목표에 대한 잘못된 관점에 대표적인 것은 행동주의 상담의 주 목표가 단지 장애가 되는 증상의 제거이며, 일단 치료가 된다 하더라도 근본적인 원인들이 처치되지 않았기 때문에 새로운 증상이 생긴다는 것이다. 그러나 대부분의 행동주의 상담자들은 그들이 사용하는 접근법이 단지 증상의 처치만이라고 생각하지 않는다. 왜냐하면 그들은 상담자의 임무를 내담자의 부적응 행동을 제거하고 보다 적절한 행동으로 대치시키도록 도와야 한다고 생각하기 때문이다. 행동수정 상담의 초점은 현재 행동에 영향을 주는 요인을 중심으로 행동을 어떻게 변화시킬까에 초점을 둔다.

행동주의 상담 목표는 명료하고 구체적이며 이해하기 쉽고 또 내담자와 상담자에 의해 합의된 것이어야 한다. 행동주의 상담 목표를 결정하는 과정은 상담자와 내담자 간의 상호 협의로 이루어지는데 이는 상담 과정을 안내하는 계약이므로 상담자와 내담자는 상담 과정에서 필요에 따라 목표를 변경할 수 있다.

(2) 상담자의 기능과 역할

행동주의 상담자는 내담자가 주는 단서에 주목하고 그들의 임상적 예감을 따르려고 한다. 이들은 요약, 반영, 명료화, 개방형 질문과 같은 다른 상담에서 사용하는 공통적인 기법을 사용한다. 상황적 단서, 문제행동, 그리고 문제행동의 결과에 대한 정보를 얻기 위해 체계적인 노력을 한다.

- 내담자와 함께 문제를 명료화한다.
- 표적행동을 정한다.
- 내담자와 함께 상담목표를 세운다.
- 현재 상황을 확인한다.
- 변화계획을 수행한다.
- 변화계획의 성공을 평가한다.
- 사후평가를 한다.
- 상담자가 내담자에게 본보기가 되어야 한다.

행동주의 상담자는 치료에서 능동적이고 지시적인 역할을 담당해야 한다. 왜냐하면 그들은 인간 문제를 해결하는 데 과학적 지식을 적용하기 때문이다.

행동수정 상담자는 내담자가 준 단서에 주의를 기울이며 요약, 반영, 명료화, 그리고 개방된 질문을 사용한다. 그러나 행동수정 상담자는 두 가지 기능을 하는데, 그 하나는 특수한 것에 초점을 두는 것이고 다른 하나는 상황적인 선행사(antecedents)와 문제 행동의 영역, 문제의 결과에 대한 정보를 얻는 것이다(Goldfried & Davison, 1976).

다른 중요한 기능은 내담자를 위한 상담자의 역할 모델이다. 반두라(1969, 1971a, 1971b, 1977)는 직접 경험을 통해 일어나는 학습의 대부분은 다른 사람의 행동을 관찰하여 얻어진다고 지적한다. 그는 내담자가 모방을 통해 새로운 행동을 배우는 것을 상담의 기본 과정에 넣고 있다. 하나의 인간으로서 치료자는 중요한 모델이 된다. 왜냐하면 내담자는 가끔 상담자를 가치 있는 존재로 숭배해서 그의 태도, 가치, 신념, 그리고 행동 등을 따라서 한다. 그래서 상담자는 내담자의 동일시의 과정에 결정적인 역할을 한다는 것을 자각해야 한다. 내담자의 생각과 행동 양식에 영향을 주는 힘을 자각하지 않는다는 것은 상담과정에서 자신의 존재가 갖는 중심 역할을 부정하는 것이다.

(3) 상담자와 내담자 간의 관계

행동주의에서 상담자와 내담자의 관계를 기계적이고 조작적이며 극히 비인간적이라고 특징짓는다. 그러나 대부분의 행동주의 상담자들은 따뜻함, 공감성, 진실성, 수용성 그리고 인정 등을 상담 과정에서 일어나는 행동 변화를 위한 필수 조건이라 생각한다.

행동주의 상담에서는 높은 수준의 기술과 감수성 그리고 내담자와의 작업 관계를 형성하는 능력을 필요로 한다. 행동주의 상담자는 능동적이고 지시적이며 조언자 또는 문제 해결자로서 기능을 하는데 이것은 내담자의 자연적 환경에서 행동 변화를 이끄는 모델 역할을 하므로 개인적으로 내담자를 지지하는 것이 중요하다.

3) 상담 과정

환경으로서의 선제적 조건(선행사건)(A)-어떤 문제행동이 발생(B)-그 행동으로 인한 결과(C). 여기서 A와 B의 관계는 파블로프의 고전적 조건화, 반사조건화의 모형으로 설명되며, B와 C는 스키너의 조작 조건화의 모형으로 설명되는 것이다. 예를 들면 아버지가 과자를 준다(A), 아이가 흘리지 않고 먹으면(B), 그것 때문에 칭찬(C)하면 아이는 흘리지 않고 먹으려는 노력과 행동이 습관화된다. 또 다른 예로는 고등학교 3학년인 신경증환자의 경우, 대학수학능력시험(A)이라는 선제적 조건에 대해 소화불량이라는 증세를 토로함으로써(B) 주위나 부모로부터 성적이 좀 불량해도 양해받을 수 있다(C)는 이점이 있었기 때문에 그 신경증이 강화되었다고 설명될 수 있다. 즉 계속 소화불량상태가 지속된다(오승아 외, 2018).

4) 상담 기법

상담과 심리 치료에서 행동주의적 접근법이 중요한 이유는 과학적 방법을 통해 스스로를 수정하는 특수한 치료 절차의 발달 때문이다.

그러나 행동주의 상담자는 학습 이론에서 나온 기법에 너무 엄격히 자신을 구속해서는 안 되고, 또한 행동주의 기법을 다른 기법에 융통성 있게 통합시킬 수 있어야 한다. 상담기법을 적용하기 위해서는 상담의 대상행동, 즉 문제행동에 대한 분석이 전제되어야 한다.

다음은 문제행동을 분석하기 위한 기본 원리와 문제행동 수정을 위한 자료수집 방법 및 분석이다. 또한 고전적 조건형성의 원리와 조작적 조건형성의 원리와 각각의 이론적 접근에 따른 상담 기법이다.

(1) 문제행동분석을 위한 기본원리

다음은 문제행동을 다루기 위한 기본 원리이다. 행동문제를 다루기 위해서 교사가 알아야 할 기본적인 원리는 다음과 같다(이소현, 박은혜, 2001).

- 행동은 학습될 수 있다.
- 문제행동이 발생할 경우 행동의 선행사건과 후속결과를 함께 고려해야 한다.
- 주의 깊은 교실 환경 구성을 통해서 문제행동을 감소시킬 수 있다.
- 강화를 제공함으로써 행동 발생을 증가시킬 수 있다.

- 강화 제거 및 혐오적 자극에 의해서 행동 발생을 감소시킬 수 있다.
- 행동의 후속결과를 선정할 때는 아동에게 의미 있는 것으로 선택해야 한다.

(2) 문제행동 수정을 위한 자료수집 및 분석

① 문제행동 식별 및 정의

관찰대상이 되는 행동, 즉 목표행동을 선정하고 가능한 한 상세히 행동을 정의해야 한다. 예를 들면 "영희는 산만하다"나 "철수는 다른 친구들을 때린다"와 같은 표현은 행동이 상세히 정의되지 않은 경우이다. 상세히 정의되려면 "영희는 이야기 나누기 시간에 1회 이상 자리에서 일어난다"로 "철수는 유치원 자유놀이시간에 다른 친구들의 몸을 1회 이상 주먹으로 때린다"는 식의 표현으로 바꾸어야 상세히 정의한 것이 된다.

② 측정 방법의 선정

관찰할 행동을 식별하고 상세히 정의한 후에는 그 행동을 실제로 관찰하고 측정할 방법을 선정해야 한다(이소현, 박은혜, 2001). 측정 방법은 행동의 유형에 따라서 달라지게 되는데, 예를 들면 단어 받아쓰기 같은 경우는 단어 받아쓰기 시험지 자체가 기록으로 남게 되지만 친구들을 때리거나 자리를 이탈하거나 하는 경우는 발생 당시에 측정되어야 하는 행동이다. 이럴 경우는 동영상 촬영으로 남긴 후 필요할 때마다 사용할 수 있다. 구체적인 방법은 다음과 같다.

가. 표본식 기록법

행동의 일화를 가장 자세하고 완전하게 기록하는 방법이다. 즉 관찰자가 참여대상이나 장면을 미리 정해놓고 그 장면에서 일어나는 아동의 행동이나 사건 내용을 기록하고 그것이 일어나게 된 환경적 배경을 상세하게 이야기식으로 서술하는 것을 말한다.

나. 일화기록법

관찰자가 아동의 특정 행동에 초점을 맞추어 그 행동이 나타날 때마다 이를 상세하게 관찰, 기록하는 것이며, 시간의 흐름에 따라 반복적으로 기록할 수 있다.

다. 행동목록법

행동목록법은 관찰할 행동의 목록을 미리 만들어 놓고 특정 행동의 유무를 표시하는 기록방법이다. 유아의 발달과 관련된 행동목록 또는 활동 참여 목록, 환경구성 관찰 목록 등을 교사가 작성하거나 이미 개발된 체크리스트를 이용하여 '예/아니오'로 표시한다.

라. 평정척도법

평정척도법은 관찰된 행동의 유무뿐만 아니라 특정 행동의 질적인 특성이나 출현 빈도의 정도를 가장 낮은 수준에서 가장 높은 수준의 연속성이 있는 단계로 평정하는 것이다. 평정척도는 연속성이 있는 어떤 행동의 차원 또는 영역에 대해서 아동의 행동을 관찰한 후 일정한 위치에 평정하도록, 즉 수량화된 점수를 부과하도록 작성된다.

마. 시간표집법

시간표집법은 시간을 표집해서 관찰하는 방법으로 관찰하고자 하는 특정 행동이 정해진 짧은 시간 내에 얼마나 자주 일어나는지의 행동 출현 빈도를 수집하는 방법이다.

바. 사건표집법

사건표집법은 단순히 어떤 행동의 발생 유무만을 관찰하기보다 행동이나 사건이 발생하기를 기다렸다가 관심을 가진 행동이나 사건이 일어나면 일정한 형식에 따라 행동의 순서를 자세하게 기술하는 것으로 관찰 대상을 표집하는 방법 중에서 관찰시간이 아닌 관찰장면이나 사건을 추출하는 방법이다. 따라서 관찰자가 관찰

대상 아동의 특정 행동이 나타날 때까지 기다렸다가 발생 유무에 따라 기록함으로써 언제 꼭 관찰해야 한다는 시간적 제약을 가지고 있다(경동대학교 2급 보육교사 보수교육, 2015).

(3) 고전적 조건형성

특정 반응을 이끌어 내지 못하던 자극(중성자극)이 그 반응을 무조건적으로 이끌어 내는 자극(무조건자극)과 반복적으로 연합되면서 그 반응을 유발하게끔 하는 과정을 말한다. 예를 들면, 파블로프의 개 실험에서 조건화 이전-개는 음식을 보면 무조건 침을 흘린다. 여기서 음식은 무조건자극(UCS)이 되고, 침을 흘리는 반응은 무조건반응(UCR)이 된다. 또한 종소리를 들려주면 개는 원래는 반응이 없었다. 여기서 종소리는 어떤 반응도 이끌어 내지 못하는 중성자극(NS)이다. 조건화 과정-개에게 음식을 줄 때마다(UCS) 반복적으로 종소리를 같이 들려준다(NS). 이 과정을 무조건자극과 중성자극의 연합, 혹은 조건화라고 표현한다. 조건화 이후-조건화가 된 후에는 중성자극인 종소리(NS)만 들려주어도 침을 흘리게 된다. 여기서 조건화된 후의 종소리는 조건자극(CS)이 되고 조건화된 후에 침을 흘리는 반사는 조건반사(CR)가 된다. 이런 고전적 조건화가 일어나는 이유는 어떤 유기체가 조건자극(CS)을 제공받으면 곧이어 무조건 자극(UCS)도 함께 제공받을 것이라고 믿기 때문이다. 즉, 조건자극을 무조건자극이 제공된다는 신호로 파악한다는 것이다.

① 원리

근접성-시간적 동시성으로 동시조건반응이라고도 한다. 두 개 이상의 감각(종소리와 음식)이 거의 동시에 발생해서 그 자극들 간에 근접성이 있을 때 두 자극의 연합이 이루어진다. 예를 들면, 교사가 경주라고 하면 학생들은 신라, 불국사, 첨성대 등의 단어를 연합하는 것이다. 산책길과 맹견을 동시에 제시하였기 때문에 산책길은 공포반응을 활성화시킨다.

강도-무조건 자극에 대한 무조건 반응이 조건 자극에 대한 반응보다 완전하게 커야 한다. 예를 들면, 음식 제공+천둥소리는 타액반응이 일어나지 않는다. 왜냐하면 음식 제공이라는 자극보다 천둥소리라는 자극이 더 크기 때문이다.

일관성-조건화 과정에서 무조건자극과 자극이 완전하게 결합될 때까지 무조건자극과 함께 제시되는 조건자극은 동일한 자극이어야 한다. 예를 들면, 파블로프의 개실험에서 제공된 종소리가 처음과 달리 호루라기 소리, 사람 소리 등으로 바뀌면 조건 반응이 일어나지 않는다.

② 고전적 조건화 기법

가. 체계적 둔감법

고전적 조건화 이론에 기초한 체계적 둔감법은 행동주의 치료 과정에 가장 널리 쓰이고 임상적으로 검증된 기법이다. 이것은 일차적으로 불안이 원인이 된 부적응 행동이나 회피 행동에 적용된다. 이 기법은 우선 불안을 일으키는 자극을 행동적으로 분석하고 불안 위계표를 작성하고 가장 낮은 불안부터 높은 불안으로 차례차례 탈감해 나가는 방법이다. 이완훈련-불안위계표 작성-체계적 둔화(단계적 탈감) 실시의 세 단계를 거쳐 이루어진다. 공포, 강박관념, 충동적 행동, 말더듬, 자기 왜곡, 우울증을 치료하는 데 효과적이다.

- 배척, 질투, 비탄, 무시 또는 공포증과 같은 특수한 영역에서 불안을 야기시키는 자극이 분석된다. 상담자는 불안이나 회피의 정도를 증가시키는 상황의 목록을 작성한다. 내담자가 상상할 수 있는 가장 나쁜 상황에서부터 가장 적은 불안을 야기시키는 상황까지 질서 정연한 불안위계표가 작성된다. 예를 들면 만약 내담자가 배척당하지 않을까 하는 불안을 갖고 있다고 판단되면 가장 불안을 크게 가져다주는 상황은 가족으로부터 거부당하는 것이고, 다음은 친한 친구 그리고 다음은 또래 친구에게 거부당하는 것이 될 것이다.
- 처음 얼마 동안은 내담자는 야콥슨(Jacobson, 1938)에 의해서 만들어지고 볼페(Wolpe, 1969)에 의해서 구체화된 이완 훈련을 받는다. 호숫가에 앉아 있거나

아름다운 들을 거니는 것 같은 편안한 상황을 생각하도록 암시를 받을 것이다. 내담자가 조용하고 평화스러운 상태에 들어가는 것은 매우 중요한 일이다. 내담자는 모든 근육을 이완시키고 특히 안면 근육에 강조를 두고 몸 전체를 통해 자신을 이완하는 방법을 배운다. 맨 처음 팔을 이완시키고 그다음으로는 머리, 목, 어깨, 등, 뼈, 가슴 그리고 다리 부분 순으로 이완시킨다. 내담자는 매일 30분 정도 상담 이외의 이완의 연습을 해야 한다. 내담자가 신속히 이완을 학습하면 둔감화 절차가 시작된다.

- 둔감화 과정은 눈을 감고 완전히 이완된 상태에서 시작한다. 상담자는 일련의 장면을 기술해 주고 내담자에게 각 장면에서 상상하도록 요구한다. 상담자는 이완된 내담자에게 아주 작은 불안을 유발시키는 장면을 상상하도록 요구한다. 치료자는 내담자가 불안을 느낀다는 신호를 보내올 때까지 위계에 따라 점진적으로 시행하는 데 내담자가 불안 신호를 보내오는 그 지점에서 일단 멈추어야 한다. 다시 이완을 유도하고 그런 다음 불안 위계에 있는 장면들을 통해 둔간화가 진행된다. 내남자가 가장 장애가 되는, 불안 야기 장면을 상상하면서도 이완 상태로 있을 수 있을 때에 상담은 끝난다.

나. 역제지

기존의 불안반응에 대항하는 새로운 안전반응을 일으켜서 후자가 전자를 억제하게 되는 현상을 말한다.

다. 역할연습법

내담자에게 어떤 역할을 연출시켜서 내담자가 그 역할을 연기하는 것을 의미한다.

라. 혐오기법

혐오자극의 제시이다. 혐오자극에는 크게 무조건 혐오자극과 조건 혐오자극으로 나뉜다. 무조건 혐오자극은 신체적으로 고통이나 불쾌감 또는 불편감을 주는 것으로 학습되지 않은 것이며, 예를 들면, 암모니아수 뿌리기 등이다. 조건 혐오자극은 무조건 혐오자극과 중립자극을 계속해서 짝지은 결과 궁극적으로 벌 자극의 특성을 갖게 되는 것이다. 즉 무조건 혐오자극과 연합된 결과로서 싫은 것으로 학습된 자극이다. 가장 일반적인 예가 질책인데 질책과 함께 체벌을 짝지어 경험하게 하면 질책은 고통과 연관되어 결국은 질책만으로도 아동에게 혐오자극이 된다. 예로 오상윤(2007)은 학교생활에 의욕을 보이지 않고 무기력하며 수업시간에 학습활동을 거의하지 않고 엎드려 있거나 손장난을 자주하며 교과서에 낙서를 하거나 책을 찢는 등의 비학습행동을 보이는 5학년 아동에게 정적 강화와 혐오자극 제시를 각각 적용하였다. 아동에게는 혐오자극으로 얼굴표정(찡그림, 불쾌한 표정, 화난 표정, 험상궂은 눈초리 등)과 언어적 질책(꾸중, 비평, 비난, 위협 등)과 자리에서 일으켜 세우기, 교실 뒤로 나가게 하기 등이었다. 정적 강화를 준 기간 바로 이어서 혐오자극을 제시하는 기간이 주어졌는데 두 기간을 비교해 보면 정적 강화를 적용했을 때보다 혐오자극을 제시했을 때 문제행동이 더 감소했다(양명희, 2021).

마. 벌의 형태

벌은 바람직하지 않은 행동의 감소가 목적이다. 원치 않는 행동을 소거시키기 위해 치료자가 사용하는 조작적 조건화의 중재 전략이다. 벌은 바람직하지 않은 행동의 결과에 대해 불쾌하거나 혐오스러운 자극을 제공하는 것이다. 벌이 소거되면 행동은 다시 일어난다. 벌을 사용하면 분노나 우울증 같은 부정적인 정서 반응을 일으킬 위험이 따르기도 한다. 만약 벌을 사용하려면 긍정적 강화와 결합시켜 사용해야 한다.

다음은 원치 않는 행동을 소거시키는 데 쓰이는 세 가지 조작적 방법이다.

❶ 타임아웃(time out)

타임아웃은 긍정적 강화로부터의 분리로 설명된다. 바람직하지 않은 행동을 하게 되면 모든 정적 강화를 차단하여 그 행동을 감소시키는 방법이다. 예를 들면,

일정 시간 교실 뒤에 서 있게 하거나 복도에 나가 있게 하는 것이 일종의 타임아웃이다. 타임아웃 시간은 5분 이내여야 한다. 이 과정은 만약 개인이 긍정적 강화를 겪을 기회가 없다면 목표 행동의 빈도가 감소할 것을 가정한다. 예를 들면 교실에서 소란을 피우는 아동을 다른 아동으로부터 격리시킴으로써 주의 집중을 받기 위해 그 아동이 이용했던 강화인자로부터 격리시킨다. 이 절차는 아주 잠시만 적용해도 극직 효과를 거둘 수 있다. 격리는 다른 기법보다 덜 혐오적이지만 주의 깊은 관심과 부모, 교사 또는 상담자의 일관성 있는 관심을 요구한다. 격리는 공격성, 난폭성, 그리고 자기 파괴 행동을 관리하는 데 유용하게 사용할 수 있다.

❷ 과잉 교정(overcorrection)

과잉 교정은 잘못된 행동이 지나치게 일어날 때 특히 효과적이다. 또한 강화로 제공될 대안 행동이 거의 없거나 효과적인 강화인자가 없을 때 유용한 기법이다(Karoly, 1980). 이 절차는 내담자에게 먼저 자신의 부적응 행동 후에 즉각적으로 자연스러운 상황을 재구성하도록 요구한다. 만약 어떤 사람이 집단 속의 다른 사람에게 말이나 신체적으로 공격을 가했다면 그 회복되는 공격을 한 내담자로 하여금 전체 집단원뿐만 아니라 직접 상처를 받은 집단원에게 사과하게 하는 것이다. 이 때 공격자는 적절한 행동을 반복해서 실행할 것을 요구받는다.

❸ 반응대가(response cost)

반응대가는 강화인자가 부적절하거나 바람직하지 못한 행동을 할 때 주어지는 벌의 유형이다. 반응대가에서는 행위와 벌 사이의 관계가 명확히 설명되어야 한다. 이 기법에서는 어떤 벌을 부과할 때 보통 이권 또는 물건 등을 감소시키는 형태의 벌을 가한다. 위반 행동을 하면 토큰을 잃게 된다. 토큰 보상 체계와 반응대가 절차를 결합시키면 바람직한 행동 변화를 일으키는 데 유용하다(오승아 외, 2018).

(4) 조작적 조건형성

스키너(Skinner)가 고안한 자발 학습 실험 장치는 기본적으로 상자 내부의 벽에 지레가 있고, 동물이 그것을 조작하면 먹이가 자동으로 나오게 되어 있다. 생체 반응은 별도의 기록기에 전달되어 누적 반응 곡선으로 나타나는데, 이것에 의해 자발 반응과 강화 유무 및 시간과의 관계가 객관적으로 정리되어 나타난다.

- 조작적 조건형성에서 강화법-바람직한 행동의 증가
- 강화과정-행동 → 후속자극(강화인자) → 효과(강하게 된 행동, 반복된 행동). 여기서 강화인자란 뒤따르는 행동의 비율을 증가시키거나 강하게 하는 후속자극이나 사건을 말하며 강화물 또는 보상이라고도 한다.

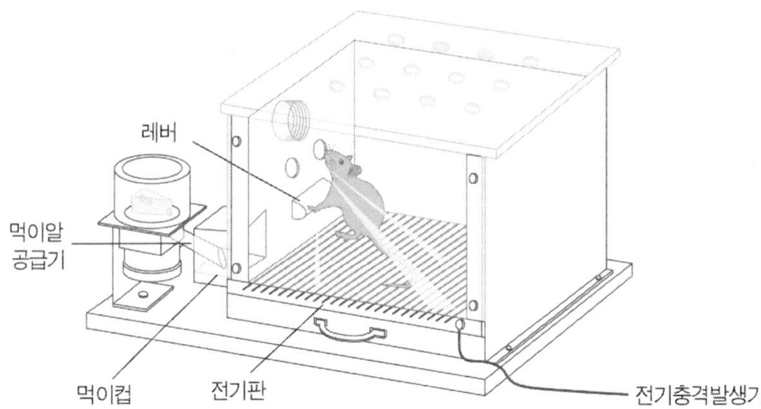

그림 2-3 스키너 상자[Skinner box]

출처: 곽호완, 박창호, 이태연, 김문수, 진영선(2008). 실험심리학용어사전.

강화적용 시 유의점은 다음과 같다.

첫째, 증가시킬 행동을 선택(목표행동)한다.

둘째, 강화는 개인의 바람직한 행동에만 주어져야 한다.

셋째, 개인에게 적합한 강화인자를 선정한다.

넷째, 강화 이전에 박탈 기간을 두고 강화할 때는 포화상태에 이르지 않게 한다.

다섯째, 강화는 바람직한 행동을 했을 때 즉시 제공되어야 한다.

여섯째, 강화를 주는 기간은 충분히 길어야 한다.

일곱째, 자연 강화인자로 대치한다.

여덟째, 강화를 받는 이유를 설명한다.

강화의 종류에는 적극적 강화와 소극적 강화(혐오자극의 제거)가 있다. 강화의 실시는 강화계획에 따른다. 강화계획이란 어떤 행동을 하였을 때 임의로 강화를 해주는 것이 아니라 강화해 주는 적절한 시기와 방법에 대한 규칙을 세우는 것이다. 강화제를 제공하는 시기에 관한 것이다. 강화계획에는 연속강화계획과 간헐강화계획이 있다.

연속강화계획은 목표행동을 할 때마다 혹은 목표행동에 근접한 행동을 할 때마다 강화제가 주어지기 때문에 1:1 강화계획이라고도 한다. 간헐강화계획은 목표행동을 했을 때 가끔씩 강화해 주는 것이다. 언제 강화가 주어질지 모르므로 목표행동을 계속하게 되는 것이다(윤명희, 2021).

프리맥(Premack)의 원리는 높은 빈도의 행동이 낮은 빈도의 행동의 강화인자가 되는 원리이다. 예를 들면, 과자 먹는 것을 좋아하는 아동에게 핀볼기구를 가지고 놀면 과자를 먹게 해준다고 했을 때 핀볼게임을 조작하는 행동을 증가시킨다. 즉 과자먹기가 핀볼게임기구를 조작하는 것을 강화시킨다.

조작적 조건형성 기법은 다음과 같다.

① 토큰법

토큰법은 스키너의 강화 원리를 포함하여, 조작적 조건화의 원리를 적용시킨 행동주의의 기법이다. 그러나 직접적으로 강화인자를 쓰는 대신에 시간 지연 뒤 내담자가 원하는 다양한 물건과 교환할 수 있는 토큰을 보상으로 제공하는 것이다. 다른 강화인자와 교환할 수 있고 모을 수 있는 2차 강화인자를 환권 혹은 토큰이라고 한다. 이 토큰을 사용하는 행동요법 프로그램을 토큰경제, 환권보상제라고 하는 것이다. 예를 들면, 토큰법은 토큰이라는 강화인자를 갖고 적응 행동을 발달시키려는 목적을 갖고 있다. 때로는 토큰을 뺏음으로써 바람직하지 못한 행동을 소거시키려는 목적으로도 사용된다.

토큰법은 칭찬이나 다른 무형의 강화인자를 쓸 수 없을 때의 행동수정에 적용될 수 있다. 토큰법이 지속적인 효과를 갖기 위해서는 직접적 강화물에서 사회적 강화인자로 바꾸어야 한다. 토큰법은 또한 교실에서 효과적으로 사용될 수 있다. 예를 들면 교사는 학업 면에서나 사회생활 면에서 어떤 학생에게 보상을 줄 수 있다. 하루가 끝날 때즈음 이 토큰은 학생이 가치롭게 여기는 다른 물건으로 대치될 수 있다.

② 행동계약

상담자와 내담자가 구두나 문서로써 바람직한 행동의 종류와 강화사건을 합의하는 것이다. 이런 계약은 내담자에게 어떤 긍정적인 결과가 올 것이라는 약속과 동의에 기초를 둔 행동 변화를 예측한다. 행동계약 절차는 첫째, 내담자에게 행동계약 체제에 대한 설명을 하고, 둘째, 계약기간과 목표행동을 명세화하고 수행수준을 명확하게 해야 하며, 셋째, 보상을 선택하고 계약서를 작성하고 내담자, 상담자, 그리고 필요하다면 참관인까지 관련 인사 모두가 서명하고, 넷째, 계약서를 잘 보이는 곳이나 내담자의 수첩 같이 매일 사용하는 곳에 붙여 놓고, 다섯째, 내담자가 일정 기간 과제를 수행하고 상담자가 이를 확인한다(박경애 외, 2010).

③ 행동조성법

한 개인이 현재 하지 못하는 행동을 새로이 하게 하기 위해 사용되는 행동수정 과정이다. 궁극적으로 조성하고자 하는 행동, 즉 목표행동에 도달하기까지의 행동을 단계적으로 세분화하여 소단계를 설정한 다음 강화법을 사용하여 이것을 차례로 수행하게 함으로써 최종적으로 목표행동을 획득하게 한다. 소단계의 목표행동에 접근한 행동이 정해진 기준에 이르렀기 때문에 다음 단계로 나아갈 때는 기준에 이른 행동은 더 이상 강화하지 않는 것으로 소거시킨다.

행동조성법의 단계는 다음과 같다. 첫째, 목표행동을 명확히 정의해야 한다(예: 학급친구 전체 앞에서 국어책 읽기). 둘째, 목표행동의 시작행동을 정의해야 한다(예: 진희 혼자 국어책읽기, 진희 혼자 작은 소리로 책읽기-칭찬). 셋째, 목표행동에 근접한 중간행동들을 결정해야 한다(예: 짝꿍 앞에서 국어책 읽기, 소그룹 친구 앞에서 읽기). 넷째, 사용할 강화제 결정한다(칭찬). 다섯째, 목표행동으로의 진행 속도를 결정하여 차별강화한다(예: 소그룹 친 구앞에서 읽기-칭찬, 짝꿍 앞에서 국어책 읽기-칭찬하지 않기). 여섯째, 목표행동이 형성되면 강화한다(예: 학급 친구 전체 앞에서 국어책 읽기-칭찬)(양명희, 2021).

④ 행동연쇄

고리를 하나씩 한 줄로 연결하면 사슬이 되듯이 단위 행동을 하나씩 연결하면 하나의 행동사슬이 된다는 개념에서 나온 용어이다(양명희, 2021). 마치 단일행동인 것처럼 말하지만 사실은 행동이란 많은 단순 반응들로 구성된 복잡한 활동이다. 큰 행동을 구성하는 일련의 행동을 행동연쇄 또는 연쇄라고 한다. 예를 들어, '양말신기'라는 행동은 행동연쇄이다. 첫째, 양손을 이용하여 양말의 구멍이 뚫린 부분을 벌려 잡아야 하고, 둘째, 벌린 양말 입구에 발가락을 넣어야 하고, 마지막으로 양말을 발뒤꿈치 부분에서 발목까지 끌어올려야 한다. 이처럼 양말신기는 하나의 행동이 아니라 여러 단위 행동들이 순서대로 이어져 발생하는 복잡한 행동이다. 복잡한 활동을 형성하기 위해 분리된 단위 행동들을 연결시키는 과정이며, 복잡한 활동의 학습을 위해 요구되는 각 단위 행동을 강화한다(양명희, 2021).

⑤ 모델링

타인의 행동에 대한 관찰학습을 통해 새로운 행동을 습득하거나 빈도와 양을 변화시키는 과정을 활용하여 행동에 변화를 촉진하는 방법이다. 모델링은 관찰학습, 모방, 사회학습 그리고 대리학습 같은 용어들로도 쓰인다. 개인이나 집단 모델의 행동 과정이 관찰자에게는 모두 동일한 생각, 태도 그리고 행동을 위한 자극으로 비춰진다. 관찰학습의 이런 과정을 통해 내담자는 시행착오를 거치지 않고도 바람직한 행동을 하는 법을 배울 수 있다. 반두라(Bandura, 1969, 1971)는 발달에서 모델링의 역할과 인간 행동의 조형을 강조하였다. 예를 들면 그는 대부분의 두려움은 혐오자극을 직접 경험함으로써 생기는 것이라기보다 오히려 사회적 모델링을 통해 발달된다고 주장하였다.

반두라(1969, 1971)는 모델링의 세 가지 중요한 효과를 제시했는데 그 각각은 임상치료에 중요한 의미를 갖고 있다.

첫째는 새로운 반응이나 기술을 인지하고 그것을 실행하는 것이다. 관찰 학습은 하나의 모델이나 다수의 모델을 관찰함으로써 새로운 행동 유형을 통합시키는 효과를 가져다준다. 운동에서의 학습 기술, 언어 학습의 유형, 모델을 통한 자폐 아동의 말하기 훈련, 사회적 기술의 학습 그리고 병원의 환자들에게 사회로 돌아가서 생활하는 데 필요한 기술을 학습시키는 것 등이 모델링의 첫 번째 예에 포함된다.

둘째는 모델링의 효과는 공포 반응의 제지(inhibition)이다. 이것은 관찰자의 행동이 같은 방식으로 제지될 때 일어난다. 이런 경우에 금지된 공포 반응을 실행하는 모델은 실은 부정적 결과나 긍정적 결과에 의해 고통을 받지 않는다. 이런 예로는 뱀을 다루지만 물리지 않는 모델 등이 포함된다.

모델링의 셋째 효과는 모델이 다른 사람들을 경쟁하게 하는 단서를 제공하는 식으로 반응을 용이하게 하는 것이다. 이 효과는 어떤 금지가 없을 때에 행동을 증가시키는 것이다. 이러한 예로는 블루진 상품을 소개하는 TV 상업광고에 출연하여 말하는 매력적인 십대들이 이에 속한다. 그 프로그램을 보는 다른 청소년들은 그런 풍조를 모방할 것이다. 행동을 바꾸게 하거나 행동에 영향을 주는 또는 다른 모델로는 사회적인 모임에서 먼저 그 자리를 떠나는 사람을 예로 들 수 있다. 나머지 사람들도 그런 행동을 곧 따르게 된다.

⑥ **주장훈련**(assertive training)

사회적 기술훈련의 한 형태이다. 분노, 적개심을 표현하지 못하는 사람, 거절하지 못하는 사람, 지나치게 공손하거나 남에게 이용만 당하는 사람, 애정이나 다른 긍정적인 반응들을 표현하는 데 어려움이 있는 사람, 자신의 사고, 신념, 감정을 표현할 권리가 없다고 느끼는 사람들에게 유용하다. 행동목록을 증가시켜 내담자가 어떤 상황에서 표현적으로 행동할지 안 할지를 선택할 수 있게 해주는 것이다(박경애 외, 2010).

대부분의 사람은 자신을 적절하고 정당하게 주장하는 데 어려움을 느낀다. 주장훈련의 기본 가정은 사람들은 자신의 느낌, 생각, 신념 그리고 태도를 표현할 권리를 갖고 있다는 것이다. 주장 훈련의 목표는 내담자가 어떤 상황에서 주장적으로 행동할지를 선택할 수 있도록 하기 위해 그의 행동 목록을 증가시키는 것이다.

내담자가 일반적으로 치료 과정에서 적용하는 주장 훈련의 여섯 가지 임상적인 전략이 있다. 교시, 피드백, 모델링, 행동 연습, 사회적 강화 그리고 과제 등이 그것이다(Bellak & Hersen, 1977).

- 교시: 상담자는 내담자에게 그의 특수한 행동을 말해 준다. 명확한 교시는 내담자가 눈을 맞추고 소리를 높일 수 있게 도와준다.
- 피드백: 이것은 교시가 끝나고 일련의 행동을 실행하는 내담자에게 주어지는 상담자의 논평을 말한다. 긍정적 또는 부정적 피드백은 뚜렷한 행동 변화에 영향을 준다.
- 모델링: 때때로 상담자는 내담자가 흉내 내도록 하기 위해 바람직한 행동을 적극적으로 보여 주기도 한다. 살아 있는 모델이나 비디오테이프를 볼 수 있는 모델이 쓰인다.
- 행동 연습: 이것은 치료 기간 동안의 역할놀이이다. 인간관계 상황에 대한 효율적인 또는 비효율적인 행동들이 비판되며 여러 상황에서 실행된다.
- 사회적 강화: 이것은 내담자가 바람직한 반응을 했을 때 내담자를 칭찬하는

것이다. 칭찬을 통해 목표 반응이 점진적으로 조형된다.

- 과제: 주장 훈련의 통합된 면은 행동적 본질에 대해 특수한 과제를 부과하는 것이다. 이런 과제를 통해 내담자는 치료 기간에 배운 것을 실제 생활에 적용시킨다. 내담자는 요구를 받아들이기도 하고 거절하기도 하며 적절한 때에 자신의 감정과 생각을 표현할 수 있다. 내담자는 자신의 과제를 이행하는 데 직면하는 어려움을 겪으면서보다 주장적일 수 있다.

  효과적인 주장 훈련 프로그램은 단지 어려운 상황을 처리하는 기술과 기법만을 내담자에게 주는 것이 아니고 그 이상의 기능을 한다. 그런 프로그램들은 개인으로 하여금 주장을 방해하는 신념에 도전하게 하고 건설적인 자기 진술을 하게 하여 주장적 행동에서 기인되는 새로운 일련의 신념에 적응하게 해준다.

⑦ 자기 관리 프로그램과 자기 지시적 행동

자기 관리 전략은 자기 충고, 자기 감시, 보상, 자기 계약 그리고 자기 통제를 포함한다. 자기 관리 프로그램에서는 개인이 통제하거나 변화시키고 싶은 특수한 행동을 스스로 결정할 수 있다. 자신이 어떤 목표를 이루지 못하는 것이 특수한 어떤 기술이 부족하기 때문이라는 것을 알게 되는 경우 자기 지시적인 접근법은 변화를 이끌 수 있는 계획과 변화를 위한 지침을 제공해 줄 수 있다.

자기 관리 프로그램은 광범위한 문제를 처리하도록 고안될 수 있다. 여기에는 나쁜 학습 습관, 불면증, 시간 관리의 낭비성 등이 포함될 수 있다. 이런 프로그램의 가치는 개인이 자기 행동에 대한 책임을 지도록 가르치는 데 있다(오승아 외, 2018).

04 인지행동적 상담

인지행동적 상담은 1960년대 초에 등장한 비교적 최신 상담접근이다. 인지행동적 상담접근은 단일한 이론이라기보다는 인간에 대한 기본관점과 심리적 문제의 발생 및 치유과정에 대한 주요 원리들을 공유하는 여러 개별적 이론들의 집합체라고 보는 것이 더 적절하다. 인지행동적 상담은 내담자가 직접적으로 호소하는 심리적 문제해결이 우선적인 관심사이다(이장호 외, 2007).

다음은 내담자의 생각의 틀이나 내용을 변화시키려는 인지적 재구성을 강조하는 대표적인 두 이론이다.

1) 합리적 정서치료

엘리스

합리적 정서치료는 인지행동상담의 대표적인 이론이다. 엘리스(Ellis)에 의해 창안되었다. 인지+행동주의=합리적 정서행동치료(REBT). 정서적 문제(예를 들면, 우울, 불안, 공포 등)를 유발하는 것은 생활사건 그 자체가 아니라 그 사건에 대한 왜곡된 생각 때문이라는 가정에서 출발한다. 이런 왜곡되고 잘못된 생각의 뿌리에는 비합리적인 신념들이 깔려 있다고 본다. 예를 들면, 맞선을 보러 갔다가 거절을 당해 기분이 상해 있는 한 여성의 경우, 이 여성은 왜 기분이 상했다고 생각하는가? 아마도 거절을 당했기 때문이라는 설명이 가장 일반적일 것이다. 엘리스는 여성이 기분이 상한 이유는 거절을 당한 사건 그 자체가 아니라 '나는 남성에게 거절당해서는 안 돼'라는 생각에 있다고 본다.

(1) 인간관

① 인간본성에 대한 관점

인간은 태어날 때부터 합리적이기도 하고 동시에 비합리적이기도 하며 사회적 훈육에 의해서도 그렇게 길러진다고 가정한다. 인간에 대한 기본 가정으로는 첫째, 인간은 외부적 조건에 의해서보다도 자기 스스로가 자신의 정서적 혼란을 일으키는 여건을 만든다. 둘째, 인간은 사실을 왜곡하고 불필요한 정서적 혼란을 일으키는 생득적·문화적 경향성을 가지고 있다. 셋째, 인간은 동시에 사고하고, 느끼고, 행동하며 이들은 서로 중대한 영향을 주고받는다. 이때 사고와 정서는 밀접하게 관련되어 있고 대개는 순환적, 인과관계를 가지고 있다. 따라서 개인의 사고는 쉽게 정서로 나타나고, 정서는 사고로 변하기도 한다. 넷째, 인간은 스스로 혼란스러운 신념을 만들어내고 그로 인해 결국 스스로 심리적 어려움을 겪게 된다는 점에서 독특하다. 다섯째, 인간은 자신의 인지, 정서, 행동의 과정을 바꿀 수 있는 능력이 있고 평소에 반응하던 것과는 다른 형태의 반응을 선택할 수 있으며, 자신의 정서적 혼란을 그대로 방치하지 않을 수 있고 자신을 위해 스스로 훈련할 수도 있다(박경애 외, 2010).

② 인간정서에 대한 관점

엘리스는 사고(belief)에 대한 결과로 정서가 나타난다고 본다. 우리가 어떤 것을 나쁘다고 생각하면 우리는 그것에 대해 나쁘다고 느끼게 된다. 정서적 장애는 개인이 믿는 비합리적이며 비논리적인 신념에서 발생된 것이며, 그 결과 자기 패배적인 감정이나 행동으로 나타나게 된다. 어떤 사건을 해석하는 방식이 비합리적일 경우에 정서적 문제는 불가피하게 발생하게 되어 있다.

가. 합리적 신념과 비합리적 신념의 구분

첫째, 융통성-모든, 항상, 반드시, 꼭, 결코, 당연히 등과 같은 단어가 들어가는 생각들은 융통성이 없으므로 비합리적이다. 인간이 살아가다 보면 뜻대로 되지 않는 경험을 할 때가 많은데 이런 예외적인 경험을 자신의 생각과 기대에 부합하지 않는 다고 받아들이지 않게 되면 정서적 혼란을 겪게 된다.

둘째, 현실성-사람들 개개인의 인간적인 가치는 현실 속에서 달성가능한 목표를 향해 꾸준하고 성실한 노력을 기울이는 데서 찾을 수 있는 것이지 완전이나 완벽에서 찾을 수 있는 것이 아니다. 따라서 현실적이지 못한 생각들은 심리적 좌절과 고통만 초래할 뿐 정신적 건강에는 별 도움이 되지 않는다. 이런 의미에서 현실성이 없는 생각들은 비합리적이라 할 수 있다.

셋째, 기능적 유용성-사람들이 가진 생각이 현실을 행복하게 살아가는 데 있어 얼마나 도움이 되는지와 관련된다. 즉 한 개인이 가진 생각이 그의 삶을 즐겁고 행복한 것으로 만드는 데 도움이 된다면 합리적이다. 그러나 그 반대의 경우라면 비합리적이라고 할 수 있다. 예를 들면, 등소평의 흑묘백묘론(검은 고양이든 흰 고양이든 쥐를 잘 잡으면 좋은 고양이라는 말임. 즉 고양이 빛깔이 어떻든 고양이는 쥐만 잘 잡으면 되듯이, 자본주의든 공산주의든 상관없이 중국 인민을 잘 살게 하면 그것이 제일이라는 뜻임)

나. 적질한 성서와 부적절한 정서

적절한 정서는 "—하기를 좋아한다", " 하기를 바란다"라는 생각들과 관련된 정서이며 긍정적인 정서와 부정적인 정서가 있다. 긍정적인 정서는 자신이 좋아하거나 원하는 것이 이루어졌을 때 생기는 행복, 호기심, 사랑 등과 같은 것이며, 부정적 정서는 자기가 좋아하거나 원하는 것을 이루지 못했을 때 생기는 불쾌감, 걱정, 초조 등과 같은 정서를 말한다.

부적절한 정서는 "반드시 —을 해야 한다", "반드시 —이어야 한다", "절대로 —해서는 안 된다"라는 식의 절대적인 명령이나 요구와 관련되는 정서이며 자기가 좋아하거나 원하는 일이 이루어지지 못할 때 격렬한 부정적 감정을 말한다. 이런 정서는 자기 패배적인 생각과 관련되는 정서이기 때문에 부적절한 정서라고 할 수 있다(이장호 외, 2007).

(2) 심리적 문제 발생 과정

인지, 정서, 행동이라는 세 가지 방식으로 심리적 부적응이 나타난다고 가정한다. 정서, 인지, 행동은 상호작용하며 서로를 더욱 악화시키기 때문에 사람들은 인지적 · 정서적 · 행동적으로 자신과 타인을 괴롭힌다고 할 수 있다. 사람들은 사고, 정서, 행동 중 주로 한 가지 양식에서 특히 현저한 문제를 보이며, 그 외 다른 두 양식에서도 문제를 어느 정도 보이는 것이 일반적이다(박경애 외, 2005).

합리적 정서치료에서 우울, 불안, 분노와 같은 부정적 감정과 관련된 인지적 요인의 중요성을 강조하는 이유는 다음과 같다.

첫째, 문제를 일으키는 인지, 즉 비합리적 신념은 대개 쉽게 의식적인 접근이 가능하며, 혹여 인지가 의식의 층 아래에 있더라도 마찬가지이기 때문이다.

둘째, 비합리적 신념은 주요 정서적 및 행동적 문제에 영향을 주는 심층적이고 핵심적인 신념이기 때문이다.

셋째, 핵심적인 비합리적 신념을 변화시키면 역기능적 감정이나 행동에도 현저한 변화를 가져올 수 있으며, 이런 변화는 다른 영역으로까지 확산될 수 있기 때문이다.

넷째, 심층적인 철학적 변화는 특정한 심리적 어려움을 줄여줄 뿐만 아니라 개인이 앞으로 겪을 수 있는 미래의 심리적 어려움에도 건강하게 대처할 수 있도록 해주기 때문이다.

마지막으로 인지적 변화는 단기간에 걸쳐 빨리 일어날 수 있기 때문이다(박경애 외, 2005).

① ABC이론

합리적 정서치료의 이론과 실제의 핵심이다. 정서적 · 행동적 결과에 영향을 미치는 요인으로 사건 그 자체보다는 그것을 해석하는 방식, 즉 신념체계의 중요성을 강조한다는 점에서 합리적 정서치료 상담이론을 ABC이론이라고도 한다. A는 개인에게 의미 있는 활성화된 사건을 B는 신념체계를, 그리고 C는 정서적 · 행동적 결과를 의미한다. 예를 들면, 어떤 사람이 이혼 후 우울증에 걸렸다면 우울반응(C)을 일으킨 것은 이혼(A) 자체가 아니라 실패나 거부 혹은 배우자를 잃어버렸다는 사실에 대한 그 사람의 신념(B)일 것이다.

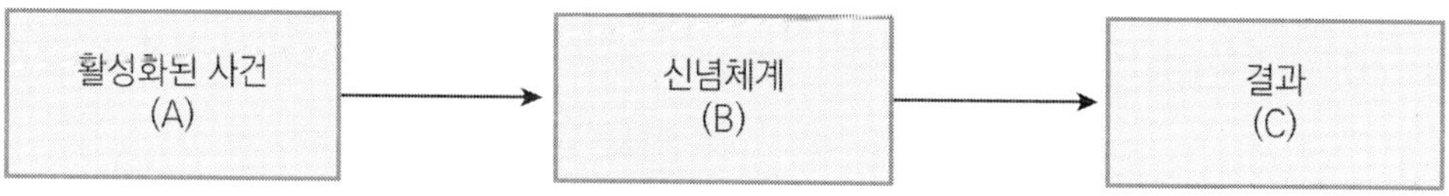

그림 2-4 ABC이론

출처: 박경애 외(2005)

② 비합리적 신념과 합리적 사고

엘리스는 흔히 가지기 쉬운 비합리적 신념의 예를 제시했다.

- 우리는 주위의 모든 사람에게 항상 사랑과 인정을 받아야 한다. 합리적 사람이라면?
- 우리는 모든 면에서 빈드시 유능하고 성공해야 한다. 합리적 사람이라면?
- 나쁜 사람들은 반드시 준엄한 벌을 받아야 한다. 합리적 사람이라면?
- 일이 바라는 대로 되지 않으면 파멸뿐이다. 예를 들면, 취업을 못하면 죽어야 한다. 합리적 사람이라면?
- 사람들의 행복과 불행은 외부 환경에 의해 결정되며, 사람들은 그것을 통제할 수 없다. 예를 들어 좋은 집 좋은 부모에게서 태어나면 미래가 보장된다. 합리적 사람이라면?
- 잘 살기 위해서는 의존할만한 강한 누군가가 반드시 필요하다. 예를 들면, 의사결정 시 언제나 힘이 있는 누군가(어머니)에게 의존하는 마마보이. 합리적 사람이라면?
- 현재의 행동과 운명은 과거에 의해 결정되며 우리는 과거에서 벗어날 수 없다. 합리적인 사람이라면 과거의 경험이 현재에 미치는 영향을 이해하되, 현

재의 자신을 변화시키는데 좀 더 노력할 것이다.

- 위험하거나 해로운 일이 있으면 개인은 항상 그것을 걱정하고 생각만 해야 한다. 합리적 사람이라면?
- 어려운 일이나 자기의 책임을 직면하기보다는 회피하는 것이 더 쉽다. 합리적 사람이라면?
- 모든 문제에는 언제나 적절하고 완전한 해결책이 있으며 이런 해결책을 찾지 못하면 그 결과는 파멸이다. 합리적 사람이라면?

처한 상황에서 최선의 해결책을 찾아야 한다. 경우에 따라서는 차선의 해결책도 택해야 한다(박경애 외, 2010; 이장호 외, 2007).

(3) 상담목표

내담자가 보다 현실적이고 실현가능한 인생 철학을 습득함으로써 정서장애와 자기-패배적 행동들을 최소화하는 것이다. 내담자들이 인생에서 잘못된 것에 대해 자신이나 타인을 비난하던 경향을 줄이고 차후의 어려움을 다루는 방법을 배우도록 하는 것이다. 즉 자기 속 언어가 정서적 혼란의 주요 원천이 되어 왔고 아직도 그렇다는 것을 증명하는 것이 상담자의 주요 목표여야 한다는 것이다.

구체적인 목표로는 다음과 같다.

- 자기 관심: 정서적으로 건강한 사람은 우선 자기 자신에게 관심이 있고 진실하며, 타인을 위하여 자기 자신을 자학적으로 희생시키지 않는다.
- 사회적 관심: 건강한 사람은 소외된 채 살아가는 것이 아니라 사회에서 다른 사람들과 효과적으로 어울려 사는 데 관심을 가진다.
- 자기 지향: 정서적으로 건강한 사람은 다른 사람의 인정이나 지지를 좋아할 수 있으나 그런 지지를 매번 요구하지는 않는다.
- 관용: 성숙한 사람은 인간이면 누구나 실수를 하고 완전할 수 없다는 것을 알고 자신과 타인의 실수도 인정한다.

- 융통성: 건강한 사람은 사고가 유연하고 변화에 개방적이고 무수히 다양한 사람과 사상과 사실을 인정하고 수용 가능한 것으로 본다.
- 불확실성의 수용: 정서적으로 성숙한 사람은 자신이 무한한 가능성과 기회를 가진 세계에 살고 있다는 것을 인정하는 한편, 어떠한 절대적인 확실성 역시 존재하지 않는다는 것도 인정한다.
- 창조적 일에 내한 실행: 건강한 사람은 자신을 둘러싸고 있는 일상적인 일뿐만 아니라 최소한 한두 가지 정도의 창조적인 일에 몰두하여 헌신한다.
- 과학적 사고: 성숙한 사람은 객관적이고 이성적으로 생각한다.
- 자기 수용: 건강한 사람은 자기가 살아 있다는 것 자체를 기뻐하며 끊임없이 삶을 즐기고 행복과 기쁨을 창조할 수 있는 능력이 자신에게 있다고 믿는다.
- 모험 실행: 정서적으로 건강한 사람은 모험을 할 수 있다.
- 장기적 쾌락: 건강한 사람은 순간적인 쾌락을 추구하기보다는 미래지향적인 장기적 쾌락을 추구한다.
- 반 유토피아주의: 성숙하고 장기적으로 건강한 사람은 이 세상에서 자신이 얻고자 하는 모든 것을 다 얻을 수 없으며 모든 고난을 완전히 피할 수 없다는 사실을 인정한다.
- 정서혼란에 대한 자기 책임: 건강한 사람은 다른 사람이나 사회를 비난함으로써 자신을 방어하기보다는 자기파괴적인 혼란을 느끼는 자신에게 책임이 있다고 느낀다(박경애 외, 2010).

(4) 상담과정

상담을 진행하는 방법과 과정은 'ABCDE모형'으로 설명된다. A는 내담자가 노출되었던 문제 장면이나 선행사건(Antecedents), B는 문제장면에 대한 내담자의 신념(Beliefs), C는 선행사건 A 때문에 생겨났다고 내담자가 보고하는 정서적 또는 행동적 결과(Consequences), D는 비합리적 신념에 대한 상담자의 적극적인 논박(Disputes) 그리고 E는 비합리적 신념을 논박 또는 직면한 결과(Effects)이다.

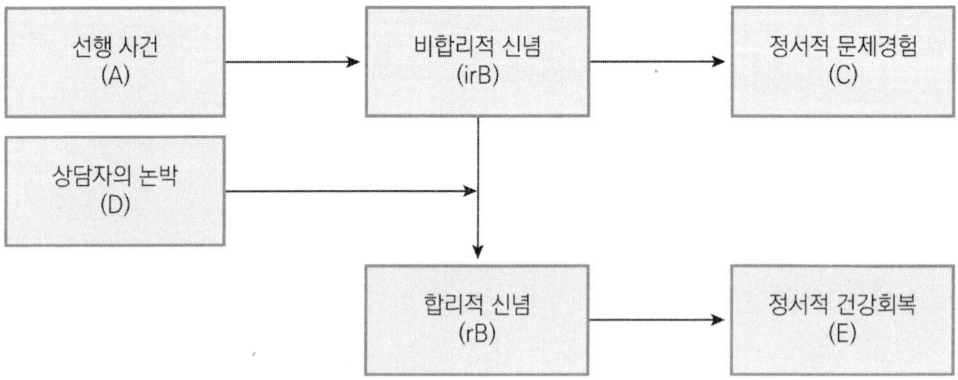

그림 2-5 ABCDE모형

출처: 이장호 외(2007)

이 모형에서 핵심적인 것은 두 가지다. 하나는 A-B-C 간의 관계이다. 내담자가 겪는 심리적 문제(C)는 선행사건(A) 때문이 아니라 그 사건에 대해 내담자가 가지는 신념체계(B) 때문이라는 것이다. 다른 하나는 D-E 간의 관계이다. 상담과정에서 상담자는 내담자의 비합리적 신념(irB)의 부당성을 적극적으로 논박(D)하여 그것을 합리적 신념(rB)로 변환함으로써 정서적 건강을 되찾게 하는 효과(E)를 얻는다는 것이다.

ABCDE모형에 입각한 실제 상담진행 절차는 다음과 같다.

첫째, 합리적 정서치료의 기본 철학 및 논리를 내담자가 믿도록 설명하고 설득한다.

둘째, 상담면접 과정에서 내담자의 자기보고 및 상담자의 관찰을 통해 내담자의 비합리적 신념을 발견하고 규명한다.

셋째, 내담자의 비합리적 신념에 대해 상담자가 직접적으로 논박하고 합리적 신념의 예를 제시하거나 시범을 보인다.

넷째, 비합리적 신념을 합리적 신념으로 대치하기 위한 인지적 연습을 반복한다.

다섯째, 합리적 행동 반응을 개발, 촉진하기 위한 행동연습을 시행한다. 이런 절차를 통해 상담을 진행할 때 한 가지 주의해야 할 것은 상담자의 논박이 내담자의 인격을 모독하여 내담자가 상담 자체에 부정적인 느낌을 가지게 되는 경우이다. 상담자의 논박 대상은 내담자 개인이 아니고 내담자가 가진 비합리적 신념이다. 따라서 상담자는 내담자가 가진 비합리적 신념에 대해서 신랄한 논박을 할 수는 있으나 내담자 개인에 대해서는 고귀한 인격체로서 존중하는 태도를 유지해야 한다(이장호 외, 2007).

(5) 상담기법

① 합리적 정서 심상 형성

내담자가 문제상황에서 느낄 수 있는 적절하고 합리적인 정서를 찾을 수 있도록 돕고 습관처럼 자연스럽게 나오는 자기 속 언어와 대처기제를 체험적으로 탐색할 수 있도록 한다. 이를 위해 내담자는 그들이 실제 생활에서 생각하고 느끼고 행동하는 자신을 상상한다. 그들에게 일어날 수 있는 가장 최악의 것들 중 하나를 상상하고 이런 상황에서 생생하게 내담자에게 경험되는 감정을 불안이나 분노 등으로 명명하게 한 후 이를 합리적인 수준의 건강한 부정적인 정서로 바꾸도록 한다.

② 역할연기

내담자가 어떤 상황에서 무엇을 느끼고 있는가를 알아보기 위해 그 행동을 함께 시연해 볼 수 있는데 이를 통해 내담자는 자신이 지금 말하고 있는 내용과 이런 감정을 바꾸기 위해 자신이 할 수 있는 행동이 무엇인지를 분명하게 인식할 수 있게 된다.

③ 역할극

역할연기와 구별되는 점이 있다. 첫째, 상담자가 내담자의 역을 맡는다는 것, 둘째, 내담자가 효율적으로 의사소통하는 상담자나 혹은 다른 타인의 역할을 한다는 것, 셋째, 상담자가 내담자역할을 소화하기 위해 때로는 연습이 필요하다는 것이다. 이것은 상담자와 내담자가 역할을 바꿈으로써 내담자가 이제 자신의 비합리적 신념을 구체적으로 논박하도록 돕는 데 효과적이다.

④ 유머

상담자는 과장과 비교를 잘 활용하고 회기 중에 익살스러운 어리석음을 적절하게 잘 활용할 수 있어야 한다. 물론 이때, 내담자를 인격적으로 싸잡아 얘기하지 말고, 그의 신념과 행동 같은 일부 측면에 초점을 두는 것이 중요하다.

⑤ 상담자의 무조건적인 수용

상담자의 역할 중 하나는 가능할 때마다 내담자에게 긍정적이고 도움이 되는 태도와 신념을 보여주는 것이다. 즉, 내담자가 아무리 나쁘고 자기 패배적인 행동을 하더라도 내담자를 무조건적으로 수용하는 것이다. 이렇게 내담자가 무조건적인 수용을 직접 경험해 볼 수 있도록 상담자가 보여주면 내담자가 무조건적인 자기 수용을 증가시킬 수 있다. 이때 상담자가 내담자의 잘못된 행동 모두를 받아주고 격려하는 것이 아니라 내담자에게 적극적으로 틀을 만들어 주고 때로는 내담자의 행동을 거절할 수도 있지만 내담자를 인간 자체로 거절하거나 경멸하지 않도록 해야 한다는 것이다(박경애 외, 2010).

2) 벡의 인지치료

벡(Aron T. Beck)의 인지치료는 인지행동적 상담이론 중 가장 널리 알려지고 보편화된 상담이론이다. 이 접근에서 정서 장애는 개인이 자신의 경험을 어떻게 구조화하느냐에 의해 결정된다고 하였다. 벡(Beck)은 인지치료라는 용어는 크게 두 가지 의미로 사용된다. 하나는 인지를 변화시킴으로써 심리적 문제를 해결하려는 상담 접근들을 포괄하여 지칭하는 것이고, 다른 하나는 벡에 의해 개발된 우울증에 대한 인지치료를 나타내는 것이다. 원래 인지치료는 우울증을 치료하는 이론으로 출발하였으나 점차 불안과 공포증 등을 포함한 정서적 문제 전반, 성격문제를 치료하는 이론으로 확장되었다.

벡

(1) 인간관

벡은 내담자들의 자동적 사고, 즉 정서적 반응을 이끌어 내는 특정 자극에 의해 유발된 개인화된 관념에 초점을 맞추었다. 정서 장애를 가지고 있는 사람들은 자기비하의 방향으로 객관적인 현실을 왜곡하는 '특징적인 논리적 오류'에 몰입하는 경향이 있는 것처럼 보인다고 하였다.

인지치료는 개인의 인지가 자신의 느낌이나 행동의 중요 결정인자라는 가정에 기초한다. 개인의 인지를 포함하고 도식으로 조직화되어 있는 가치와 지각은 자신, 타인, 세계에 대한 견해를 구성한다(노안영, 2005). 이렇게 구성된 가치와 지각은 심리 장애에 대한 유전적 취약성에 의해 영향을 받기도 하지만 잘못된 전제와 가정에 근거할 수도 있다. 잘못된 가정에 기초한 인지는 역기능적 도식을 발달시킨다. 따라서 개인이 자신, 타인, 세계에 대한 부정적 도식을 가지면, 자신의 경험에 대한 지각은 대부분 부정적일 것이다(Okun, 1990).

(2) 심리적 문제 발생과정

사람들은 대개 어떤 사건(친구들이 자신의 험담을 SNS에서 하는 것을 알게 되었을 때)을 접하게 되면 자동적으로 어떤 생각(친구들 없는 학교는 의미가 없다)을 떠올리게 되는데 이를 자동적 사고라고 한다. 사람들이 경험하는 여러 가지 환경적 자극과 심리적 문제 사이에는 자동적 사고라는 인지적 요소가 개입되어 있다. 여기서 문제가 되는 것은 환경적 자극에서 어떤 내용의 자동적 사고가 떠오르는가이다. 만일 그것이 부정적 내용이라면 심리적 문제(자퇴, 전학, 은둔형 외톨이, 우울, 불안)를 피할 수 없다. 하지만 동일한 사건(친구들이 자신의 험담을 SNS에서 하는 것을 알게 되었을 때)에 대해서 긍정적(그동안 너무 친구들에게 몰두했나 공부나 해야겠다)이거나 최소한 중립적인 내용(원래 나랑 안 맞는 친구들이었어)을 떠올리게 된다면 심리적 혼란과 문제는 경험되지 않는다.

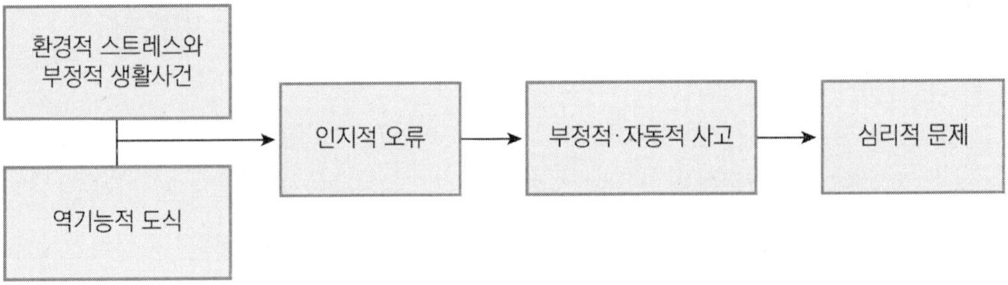

그림 2-6 심리적 문제의 발생과정

(3) 주요 개념

인지치료의 주요 개념인 기본 원리, 주요 용어, 인지 모델에 대해서 살펴보자.

① 기본 원리

인지치료의 기본 원리는 인지 모델에 근거한다. 벡(Beck)이 제시한 기본 원리는 다음과 같다.

첫째, 개인이 상황과 환경을 구조화하는 방식이 자신의 행동과 감정의 방식을 결정한다.

둘째, 외적 상황, 적응 능력, 다른 전략이 갖는 잠재적 이익, 위험, 비용의 평가를 포함하는 지각에 대한 해석은 적극적이며 지속되는 과정이다.

셋째, 개인은 심리적 고통을 초래하는 독특한 민감성과 취약성을 가진다.

넷째, 개인의 독특한 민감성과 취약성의 정도에 따라 성격 조직 내에서의 기본적인 차이를 만들어낼 수 있다.

다섯째, 인지 조직의 정상적 활동은 스트레스에 의해 부정적인 영향을 받는다.

여섯째, 우울이나 불안 장애와 같은 심리적 증상은 특별한 증상을 나타내는 독특한 내용을 가지며, 지나치게 활동하는 도식으로 구성되어 있다.

일곱째, 스트레스를 받으면서 다른 사람들과 상호작용하는 것은 서로를 강화하는 부적응 인지의 순환을 만들어낸다.

여덟째, 개인은 위협이 신체적이거나 상징적이건 간에 상관없이 위협에 대해서 신체 반응을 보일 것이다.

② 주요 용어

주요 용어로 자동적 사고, 역기능적 인지도식, 인지적 오류에 대해서 알아보자.

가. 자동적 사고(automatic thought)

정서적 반응을 이끌어 내는 특정 자극, 사건에 의해 유발된 개인화된 관념, 즉 상황이나 자극에 의해 마음속을 스쳐가는 실제적인 단어나 영상으로, 특정한 상황과 관련하여 생기며, 인지의 가장 표면적인 수준을 일컫는다. 이러한 자동적 사고는 꼭 언어적인 것만은 아니며 심상적인 것도 함께 동반하는 경우가 많다. 자동적 사고에서 '자동적'이라는 명칭이 붙은 것은 생각들이 자신의 의지와는 상관없이 떠오르고, 정서 문제를 경험하는 개인의 입장에서는 이러한 생각을 했다는 것조차 자각할 수 없는 경우가 대부분이기 때문이다(이장호, 정남운, 조성호, 2005).

예를 들면 전형적으로 우울 증상을 경험하는 사람들의 자동적 사고는 크게 다음과 같은 세 가지 내용으로 구성되어 있는데, 이를 인지삼제(Cognitive Triad)라고 한다. 인지삼제는 자기와 세상 그리고 미래에 대한 한 개인의 부정적인 생각과 태도를 말한다.

첫째, 자기에 대한 비관적 생각(나는 무가치한 사람이다)

둘째, 앞날에 대한 염세주의적 생각(나의 앞날은 희망이 없다)

셋째, 세상에 대한 부정적 생각(세상은 살기 매우 힘든 곳이다)(이장호 외, 2007)

개인이 가지는 이러한 생각은 조건적 가정(예: ~하면 ~하다. 나는 공부를 못하면 무가치하다.)과 무조건적 가정(~하다. 나는 무가치하다.)으로 크게 나누어 볼 수 있다. 이런 가정은 핵심 신념으로 중간 믿음과 밀접하게 관련이 있으며 궁극적으로 자동적인 사고에 영향을 미쳐서 개개인에게서 표출되는 인지, 정서, 행동에 영향을 미친다(오승아 외, 2018).

나. 역기능적 인지도식

자동적 사고는 어떻게 생겨나는 것인가? 이를 설명하기 위해서는 먼저 인지도식이 무엇인지를 알아야 한다.

인지도식은 세상을 기본적으로 이해하는 틀, 마음의 기반을 일컫는다. 이러한 도식은 개인의 비교적 안정적인 인지 패턴이다. 도식에는 감각, 기억, 정서, 인지가 모두 포함되어 있다. 이러한 도식은 세상에 대한 지식의 조직화가 이루어지면서 형성된다. 개인이 어떤 상황에 직면하게 되면 그 상황과 연관된 도식이 활성화된다. 도식은 언어적 혹은 영상적 내용으로 된 생각으로 정의되는 인지의 형태로 개인의 자료들을 변화시키는 기초가 된다. 따라서 도식은 개인이 접하는 자극들을 선별하고 구분하여 부호화하기 위한 기초를 이루며 도식의 틀을 통해서 자신의 경험을 범주화하고 평가한다. 도식은 정보처리를 하는 과정에 있어서 시간을 단축하고 신속한 의사결정이 가능하게 함으로써 보다 효율적으로 정보를 처리할 수 있도록 돕는다. 하지만 도식이 부적응적으로 형성되었을 경우, 자극에 대한 반응이나 정보처리에 있어서 제대로 평가하지 못할 수 있다(오승아 외, 2018). 현실 적응에 도움이 되지 않는 내담자의 기본적인 생각의 틀과 그 내용을 일컬어 역기능적 인지도식이라고 한다. 이는 심리적 문제를 초래하는 근원적 역할을 한다(〈표 2-3〉 참조). 즉 살아오는 과정에서 부정적인 내용들로 인지도식을 구성한다면 심리적 문제에 매우 취약하게 된다.

표 2-3 심리적 문제를 초래하기 쉬운 몇 가지 역기능적 인지도식의 예

- 사람은 멋지게 생기고 똑똑하고 돈이 많지 않으면 행복해지기 어렵다
- 다른 사람의 사랑없이 나는 행복해질 수 없다
- 다른 사람에게 도움을 요청하는 것은 나약함의 표시다
- 절반의 실패는 전부 실패한 거나 다름없다
- 인정을 받으려면 항상 일을 잘 해야만 한다
- 한 인간으로서의 나의 가치는 나에 대한 다른 사람의 평가에 달려있다
- 사람들이 언제 나에게 등을 돌릴지 모르기 때문에 믿을 수 없다

출처: 이장호 외(2007)

다. 인지적 오류

인지적 오류란 어떤 경험이나 사건을 해석하고 받아들이는 과정에서 생기는 추론 혹은 판단의 오류이다. 현실을 제대로 지각하지 못하거나 사실이나 의미를 왜곡하여 받아들이는 것을 뜻하는 용어이다(이장호 외, 2007). 이런 인지적 오류는 정보처리가 부정확하거나 효과적이지 않을 때 발생하며 대개 비현실적인 세계관을 나타내거나 비논리적인 추론과 관련되어 있다.

인지적 오류의 유형에는 임의적 추론(arbitrary inference), 선택적 추론(selective abstraction), 과잉일반화(overgeneralization), 극대화(magnification) 혹은 극소화(minimization), 개인화(personalization), 이분법적 사고(dichotomous thinking) 등이 있다(오승아 외, 2018).

- 임의적 추론: 어떤 결론을 내리기에 충분한 근거가 없는데도 최종적인 결론을 성급히 내려 버리는 오류이다. 이러한 오류는 결국 상황에 대한 비극적 결말이나 최악의 시나리오를 만들어 낸다. 예를 들면, 여자친구가 바빠서 연락을 자주 못하자 '이제 그녀가 나를 멀리 한다'고 결론을 내리고 이별을 준비하는 경우가 해당된다(이장회 외, 2007; 오승아 외, 2018).
- 선택적 추론: 사건의 일부분만을 근거로 결론을 내리고, 전체 맥락 중의 중요한 부분을 간과하는 것을 말한다. 즉 상황이나 사건의 주된 내용은 무시하고 특정한 일부 정보에만 주의를 기울여 전체의 의미를 해석하는 오류이다. 발표할 때 많은 사람이 긍정적인 반응을 보였지만 한두 명의 부정적 반응에만 선

택적으로 주의를 기울여 발표가 실패했다고 단정하는 경우가 해당된다.

- 과잉일반화: 한두 번의 사건에 근거하여 일반적인 결론을 내리고 무관한 상황에도 그 결론을 적용하는 오류다. 예를 들어 모임에서 한두 명의 남자들이 자신에게 말을 걸지 않았다고 해서, 어떤 여성은 '나는 여성적인 매력이 전혀 없어'라고 과잉 일반화할 수 있다.
- 극대화 혹은 극소화: 개인이 사건이나 의미를 실제보다 지나치게 과장시키거나 축소하는 오류다. 자신의 실수나 결점을 극대화하고, 긍정적인 것들을 극소화한다면, 결국 자신이 부적절하며, 타인들보다 열등하다고 생각하고 또 우울하다고 느끼게 될 것이다. 한번 낙제 점수를 받은 것을 가지고 '내 인생은 이제 끝이다'라고 생각하거나 과수석을 차지하고도 '어쩌다가 운이 좋아서 그렇게 됐겠지'라고 생각하는 경우가 해당된다.
- 개인화: 개인이 자기 자신과 관련지을 만한 단서나 사건이 아님에도 불구하고 자신과 관련된 일이라고 지각하는 것을 말한다. 종종 잘못된 귀인이라고 불리기도 하는 개인화는 책임져야 할 사람은 아무도 없었다는 가정을 내포하고 있다(오승아 외, 2018).
- 이분법적 사고: 사건의 의미를 이분법적인 범주의 둘 중 하나로 해석하는 오류다. 예를 들면, 완전한 실패 아니면 대단한 성공과 같이 극단적으로 구분하려는 경향이다. 즉 흑백 논리로 사고하고 해석하거나 또는 경험을 극단으로 범주화하는 것을 말한다. 이분법적 사고를 하게 되면, 사건이나 상황들은 좋은 것이 되든지 나쁜 것이 된다. 이러한 사고는 자동적으로 부정적인 신념으로 이끌도록 함으로써 낮은 자존감을 불러일으킨다고 한다.

③ 인지 모델

인지 모델에서는 사람들의 감정이나 행동이 어떤 사건에 대한 그들의 지각에 의해서 영향을 받는다고 가정한다. 사람들의 느낌을 결정하는 것은 그 상황 자체가 아니라 그들이 그 상황을 해석하는 방식에 달려 있는 것이다(Beck, 1976; Ellis, 1962).

인지 모델은 자동적 사고, 중간 신념, 핵심 신념으로 구성되어 있다. 개인이 가지는 신념과 자동적 사고로 인해서 개인의 정서나 행동을 결정하게 되는 것이다([그림 2-7] 참조).

자동적 사고는 개인의 마음속에 계속적으로 진행되는 인지의 흐름이며, 사건에 의해 빠르게 일어나는 평가적인 사고이다. 자동적 사고는 특정한 자극에 의해 유발된 개인적인 생각으로 노력 혹은 선택 없이 자발적으로 일어난다. "지금 자신의 마음속에 어떤 생각이 스치는가?"를 탐색해 본다면 그러한 과정이 자동적 사고를 발견할 수 있도록 해 줄 것이다. 결국 자동적 사고는 개인이 자신의 경험으로부터 생성한 신념과 가정을 반영한다. 중간 신념은 개인이 자동적 사고를 형성하는 극단적이며 절대적인 규칙, 태도와 가정을 의미한다. 핵심 신념보다 다소 쉽게 수정될 수 있으며, 주로 다른 사람과의 관계를 통해 태도나 규칙들을 발전시킬 것이다. 이 신념은 핵심 신념의 영향을 받으며 개인이 인식하지 못하는 경우가 대부분이다(cf. 전의식). 핵심 신념은 많은 자동적 사고에 바탕이 되는 자신에 대한 중심적 생각이다. 어린 시절부터 형성해 온 자신, 타인, 세상에 대한 가장 중심적인 믿음이며, 근원적이고, 깊은 수준의 신념(cf. 핵심 감정)이다. 이러한 핵심 신념은 개인의 모든 영역에 영향을 미치고, 경직되어 있으며, 지나치게 일반화되어 있다(cf. 무의식).

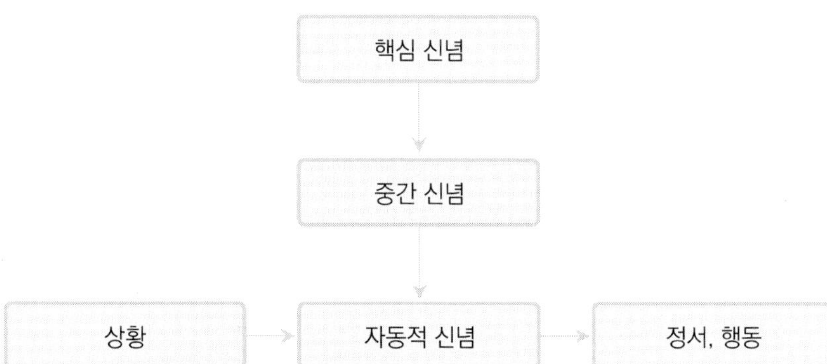

그림 2-7 **인지 모델의 구성**

(4) 상담 과정과 기법

① 상담 목표

인지상담의 기본적 목표는 내담자가 보다 효과적으로 기능하도록 사고의 편견이나 인지 왜곡을 감소, 제거하는 것이다. 즉 상담 과정 속에서 내담자가 환경적 자극의 의미를 받아들이고 해석하는 방식, 즉 자동적 사고를 변화시키고 부적응적인 도식을 재구성하여 새로운 사고를 시작하도록 변화시킨다. 따라서 상담자의 관심은 부적응 행동이나 감정을 유지시키는 내담자의 정보처리 방식이다. 인지 상담자는 내담자가 자신이 기존에 가지고 있는 정보 처리의 오류를 확인하고 수정할 수 있도록 도와준다.

상담자는 목표를 세울 때 내담자와 합의하여 상담 목표를 정한다. 상담 목표는 명료하고 구체적일수록 상담자가 내담자와 함께 내담자의 신념 체계를 변화시키는 데 적절한 방법을 선택할 수 있을 것이다.

② 상담 과정

인지상담은 내담자의 역기능적인 사고와 신념 체계를 탐색, 확인한 후 그 사고와 신념에 도전하여 변화시키는 것을 목표로 한다. 상담은 다음과 같은 순서로 진행된다.

첫째, 내담자가 호소하는 문제를 구체화하고 내담자와 합의하여 상담 목표를 정한다.

둘째, 내담자의 현재 문제의 원인이 자신의 신념 체계, 자동적 사고 등 인지적인 요인과 관련되어 있다는 것을 확인시킨다.

셋째, 내담자의 현재 생활에서 문제를 일으키는 인지적인 요인들을 구체적으로 탐색한다. 이러한 과정을 통해서 내담자는 자신의 역기능적 신념이나 자동적 사고를 탐색하고, 이러한 자신의 인지적인 요인들이 자신의 정서와 행동에 어떤 영향을 미치는지를 인식하게 된다.

넷째, 사건이나 상황에 대한 내담자의 해석, 즉 자동적 사고의 현실적 타당성을 따져 본다. 예를 들어, 시험 점수를 나쁘게 받은 학생이 '자신은 형편없고 쓸모없다'고 자동적 사고를 하면, 우울하거나 무기력감을 느낄 것이다. 이와 같은 자동적 사고 때문에 힘들어하는 내담자가 상담자와 상담을 통해 자신의 현재 무기력감에 대한 것이 자동적 사고 때문이라는 것을 객관적으로 탐색하게 되면, 내담자는 자신의 자동적 사고가 과장되어 있다는 것을 인식하게 된다.

다섯째, 사건이나 상황에 대한 보다 객관적이고 타당한 대안적 해석을 탐색해 보고 이것을 기존에 가지고 있었던 부정적인 자동적 사고와 대치하는 과정을 거친다. 예를 들어 '시험 점수를 나쁘게 받았다고 해서 내가 형편없거나 쓸모없는 것은 아니다.' 시험은 노력했지만 못 볼 수도 있고, 현실적으로 따져보면 실제 공부량도 많지 않았을 수 있다. 내가 부족했던 부분에 노력을 좀 더 한다면 충분히 좋은 점수를 받을 수 있을 것이다.

③ 상담 기법

다양한 인지상담 기법이 내담자가 상담 목표를 달성하도록 돕는 데 사용된다. 인지상담의 기본적인 기법은 내담자의 자동적 사고나 비합리적 신념을 실험이나 논리적 분석을 통해 탐색, 조사하는 것이다. 내담자의 부적절한 사고 패턴을 인식하도록 돕는 데 자주 사용되는 기법을 살펴보고자 한다.

가. 특별한 의미 이해하기

내담자의 자동적 사고와 인지 도식에 의존해서 단어들은 개인에게 다른 의미를 가진다. 예를 들어 우울한 초등학생은 우울한 용어보다는 자주 '심심한', '외로운', '하기 싫은' 등과 같은 단어를 사용한다. 따라서 내담자가 사용하는 단어의 의미가 무엇을 의미하는지를 탐색 질문하는 것은 상담자와 내담자에게 내담자의 사고 과정을 이해하는 데 도움이 된다. 특히 아동과 청소년, 성인이 사용하는 용어 의미는 다를 수 있으므로 아동 내담자의 경우 원하는 것을 그들의 언어 표현으로 구체화하는 과정이 반드시 필요하다.

나. 절대성 진술에 도전하기

내담자들은 '모든', '언제나', '결코', '항상' 등과 같은 단어를 많이 사용한다. 상담자는 내담자가 사용하는 절대성 진술을 확인하고 거기에 대해서 질문하거나 도전할 수 있도록 도와주어야 한다. 상담자는 내담자가 어떤 절대성 단어를 자주 사용하는가를 파악하여 내담자에게 도전하여 그러한 진술이 잘못되었음을 깨닫도록 한다.

다. 재귀인하기

내담자는 자신의 상황이나 사건에 대한 책임 소재가 분명하지 않으면, 그러한 상황이나 사건의 책임을 주로 자신에게 귀인시킨다. 어떤 내담자의 경우는 부적절한 귀인으로 인해서 극심한 우울이나 죄책감을 느끼기도 한다. 따라서 상담자는 내담자의 잘못되거나 부적절한 귀인을 탐색하고 책임 소재를 정확하게 구체화시킴으로써 적절하게 재귀인할 수 있도록 해야 한다.

라. 인지적 오류 탐색과 명명하기

이 기법은 내담자가 사용하는 인지적 오류 형태, 즉 앞에서 설명한 이분법적 사고, 개인화, 극대화 혹은 극소화, 과잉 일반화, 선택적 추론 등 중에서 구체적으로 어떤 것에 해당하는지 명명하도록 하는 것이다. 자신의 인지적 오류를 명명함으로써 추론을 방해하는 자동적 사고에는 어떤 것이 있는지를 확인할 수 있다.

마. 장점과 단점 열거하기

내담자로 하여금은 자신의 특정한 신념이나 행동에 대해서 장점이나 단점을 열거하도록 하는 것이다. 예를 들어, 실패 도식을 가지고 있어서 스스로 자신이 하는 일에 항상 실수할 것이라고 생각하는 내담자의 경우, 내담자에게 그러한 도식을 유지함으로써 갖게 되는 장점과 단점을 나열하게 하여 실패 도식이 얼마나 자신을 힘들게 하는지를 자각할 수 있도록 도와줄 수 있다.

표 2-4 인지상담 구조화 과정

구분	내용
주제의 설정	내담자를 상담의 장으로 끌어들이는 것으로 내담자가 상담 과정을 더 잘 이해할 수 있도록 해주며, 구조화된 상황에서 상담에 능동적으로 참여할 수 있게 해준다.
기분의 검토	내담자가 주관적으로 보고하는 내용에 추가하여, 우울이나 불안 등의 자기 보고식 질문지를 통해 내담자를 객관적으로 평가할 수 있다. 객관적 검사가 불가능하면 0~100점 척도로 기분을 주관적으로 평가할 수 있다.
현재의 문제 검토, 문제 확인 그리고 목표 설정	상담자는 내담자의 문제를 검토하고 내담자에게 최근의 문제들을 이야기하도록 요구하고, 내담자의 주요 문제를 확인하는 데 주의를 기울인다. 이를 통해서 상담 목표를 설정한다.
인지 모델에 대하여 내담자를 교육시키기	이는 내담자 스스로가 인지 상담자가 되도록 가르치는 것이다. 내담자 자신의 인지 모델에 대하여 가르치고 상담에 대한 사전 정보를 제공한다. 단 자신의 생각을 끄집어내는 데 실패한 것에 대하여 스스로 비난하지 않도록 주의해야 한다.
내담자의 상담에 대한 기대를 알아내기	상담자는 상담의 진전에 있어서 내담자도 책임을 공유한다는 점을 알려 주고, 내담자를 상담의 장으로 끌어들이도록 한다.
장애에 대한 내담자 교육시키기	많은 내담자들은 자신의 장애에 대한 진단을 알고 싶어 할 수도 있고, 본인이 비정상적인 것은 아닌지에 대해서 알기를 바란다. 상담자의 경우 좀 더 일반적이고 알아들을 수 있는 말을 사용하는 것이 좋다. 또한 내담자가 가지고 있는 장애에 대한 정보를 주어 자신의 문제의 일부분은 장애의 탓으로 돌려 자기 비난을 줄일 수 있도록 하는 것도 유용하다.
상담시간의 마지막의 요약과 과제 설정	내담자의 이야기들은 상담 중간 중간에 요약을 하면서 상담 마지막에 묶어서 정리하고, 중요한 부분을 강조하도록 하며 내담자 스스로 요약할 수 있도록 격려한다. 내담자에게 주어지는 과제의 경우 내담자와 협의에 의해서 결정이 되며 내담자 본인을 위한 것임을 강조하고, 부담을 느끼지 않도록 한다(예: 독서치료, 활동 관찰이나 계획표 만들기).
피드백	피드백을 요청하는 것은 상담 관계를 강화하고, 내담자의 생각에 관심이 있다는 점을 전해줄 수도 있다. 이를 통해 내담자가 표현할 수 있는 기회를 제공한다.
이전 상담시간과의 연결	최근의 상황 정보를 탐색하거나 약물치료가 필요한 경우 약물을 검토할 수 있다. 이전 회기와의 연결을 시도하고 과제를 주었다면 과제를 검토한다.

출처: 오승아 외(2018)

05 발달적 접근

아동의 심리를 이해하기 위하여 아동발달에 대한 지식은 기본적으로 필요하다. 스웨덴의 엘렌 케이(E. Key)는 20세기 초를 아동의 세기라 하여 아동발달에 대한 지식이 중요하다고 하였다(오승아 외, 2018).

1) 발달과 발달문제

인간발달은 출생부터 사망에 이르기까지 신체적 · 인지적 · 사회정서적 측면 등 전인적 측면에서 전 생에 걸쳐 연속적으로 일어나는 양적 · 질적 변화 양상과 과정을 일컫는 개념이라 할 수 있다.

인간발달은 다음의 전제를 바탕으로 이루어진다.

① 인간발달은 삶의 모든 단계에서 일어난다.
② 이전 단계의 발달을 바탕으로 지속성을 가지고 현재의 경험이 결합되어 변화가 이루어진다.
③ 신체, 인지, 정서, 사회적 영역의 상호작용 관계의 맥락에서 이해되고 분석되어야 한다.
④ 인간 자신의 발달에 능동적으로 기여한다.

인간의 전 생에 걸쳐 진행되는 발달과정과 내용 및 특징 등은 특정 연령이나 시기에 따라 다르기 때문에, 인간의 발달을 발달단계로 나누어 설명할 수 있다. 그 발달단계나 연령 기준은 이론에 따라 다르며, 크게 태아기, 영아기 및 걸음마기,

유아기, 아동기, 청소년기, 청년기(성인 초기), 장년기(성인 중기), 노년기 등의 8단계로 나눌 수 있다. 각 발달단계마다 달성해야 할 과제와 적응의 문제가 있으며, 이런 과제와 적응을 달성하지 못할 시에는 정신적 어려움을 겪기도 한다. 그러므로 인간의 발달과정에 따른 이해를 바탕으로 발달과정상의 정신적 문제와 그에 대한 대비책이 마련되어야 한다(이순민, 2014). 〈표 2-5〉는 유아동기로 한정한 발달단계에 따른 발달 특징과 주요 문제를 제시하고 있다.

표 2-5 발달단계에 따른 발달 특징과 주요 문제

발달단계	발달 특징	발달장애 및 주요 문제
태아기 (임신~출산)	• 신체의 구조와 기관이 형성되는 시기로 신체적 성장이 일생 중에서 가장 급속하게 일어나며, 태내 환경의 영향을 크게 받음	• 유전적 결함에 따른 장애(클라인펠터 증후군, 터너 증후군, 다운증후군, 혈우병, 거대남성증후군, 페닐케톤뇨증 등) • 저체중
영아기 및 걸음마기 (출생~ 36개월)	• 영아기에는 체중 및 신장과 같은 신체적 성장이 급속히 이루어지며, 감각운동을 하게 됨 • 대상영속성을 습득하며, 양육자와의 애착관계를 형성하게 됨 • 걸음마기에는 신체운동이 더 정교해지며, 자아를 의식하면서 자율적이며 독립적 존재로 발달하게 됨	• 지적장애 • 자폐 스펙드럼 장애
유아기 (3~6세)	• 학령전기로 일컬어지며, 초기 수준의 도덕발달이 이루어지고, 성역할 개념을 습득함 • 또래와의 집단놀이를 시작함	• 의사소통 장애[언어장애, 사회적(실용적)의사소통 장애, 아동기 발병 유창성 장애(말더듬증, 수다증) 등] • 야뇨증
아동기 (6~11세)	• 논리적으로 사고할 수 있는 능력이 증가하여 구체적, 조작적 사고를 할 수 있게 됨 • 또래집단과의 사회화를 습득하게 되며, 도덕성이 발달함	• 특정학습 장애 • 주의력 결핍 과잉행동 장애 • 반응성 애착 장애 • 분리불안 장애 • 아동학대

출처: 이순민(2014)

아동상담은 아동의 건강한 성장과 발달을 위해 아동이 겪고 있는 심리적 스트레스, 갈등, 크고 작은 문제들을 잘 극복하도록 도와준다. 상담은 어려움에 처한 대상자를 자기 이해와 자아 통제를 통해 스스로 문제를 해결할 수 있는 능력을 갖추도록 하는 데 있다. 상담의 초기는 병리적 현상과 문제에 초점을 맞추어 왔으나 현재에는 내면적 자아의 형성과 확립에 중요성을 두고 있다.

아동발달은 신체적 · 인지적 · 언어적 · 사회적 · 정서적 변화를 수반하며, 모든 아동은 이런 변화의 과정에 있다. 아동은 변화에 잘 적응하기도 하지만 간혹 어려움을 갖고 갈등이나 긴장을 나타내는 경우가 발생한다. 이렇게 발달의 과정에서 일시적으로 나타날 수 있는 문제가 아동상담의 대부분을 차지하므로 아동발달의 특성을 살펴볼 필요가 있다.

아동발달이 아동상담과 갖는 관련성은 여러 가지가 있다. 첫째, 아동발달의 원리는 어느 시기에 특정 부분의 발달이 급격히 이루어지기도 하지만 서서히 지속적으로 나타나는 점진적이며 연속적인 과정이다. 문제 행동을 수정하기 위한 아동상담도 단번에 다루기보다는 점진적인 변화를 일으키도록 한다. 둘째, 아동발달에서 개인차가 크다는 것은 연령과 성별이 같아도 신체적 · 심리적 · 사회적 · 문화적 측면에서 개인마다 매우 다르다는 것이다. 아동상담도 개인의 사례가 각기 다르기 때문에 비밀보장과 상담윤리가 반드시 지켜져야 한다. 셋째, 아동발달의 각 측면은 상호 관련성이 있으므로 밀접하게 연결되어 있다. 아동상담에서도 마찬가지로 한 아동을 이해하는 데 있어서 아동의 문제를 종합적으로 판단하는 것이 필요하다. 다양한 영역의 전문가들이 서로 협조하여 한 아동의 심리와 행동을 파악해야 할 것이다.

이처럼 발달의 원리에 근거한 아동의 심리와 행동의 이해는 발달 과정상의 정상적인 분포에서 개인의 일탈 정도를 판단하게 해 준다(하승민 외, 2008). 아동의 문제는 발달 과정상에 자연스럽게 나타나고 모든 영유아가 지나가는 발달적 기준에 근거하여 문제의 정도를 파악할 수 있다.

아동발달이 아동상담자에게 주는 몇 가지 근거는 다음과 같다(이재연, 서영숙, 이명조, 1996; 김춘경, 2004; 하승민 외, 2008).

첫째, 정상적인 발달과 성장에 관련하여 아동의 문제를 개념화하고 진단할 수 있다.

둘째, 상담의 개입을 하기 위한 기본적인 관점을 토대로 가설을 세울 수 있다.

셋째, 개입과 치료를 위한 상담 전략을 개발할 수 있다.

2) 주요 발달 이론

다음은 주요 발달 이론을 중심으로 아동상담과의 관계를 살펴보고자 한다.

(1) 프로이트의 심리성적 발달 이론

프로이트(Freud)는 인간이 이성적이고 논리적인 인간이 아니라 감성적이며 무의식에 영향을 받는다고 하였다. 인생 초기의 성격발달이 매우 중요하다고 한다. 프로이트는 성적 에너지인 리비도(libido)의 위치가 발달의 과정에서 입에서 항문, 항문에서 남근 등으로 옮겨가면서 성격이 형성된다고 하였다. 리비도가 어느 정도 충족되는가에 따라 성격은 아동 개개인마다 달라진다. 리비도의 욕구가 적절히 충족되면 정상적인 성격을 가지지만, 그 욕구가 지나치게 억압되거나 과잉 충족되면 고착행동이 일어날 수 있다.

프로이트의 심리성적 발단 단계를 살펴보면 다음과 같다.

① 구강기(0~1세)

생후 1년 동안 성적 에너지 리비도가 입으로 빠는 행위에 몰려 있는 시기이다. 영아는 빠는 행위를 통해 욕구를 충족하여 어떠한 것이라도 입으로 가져간다. 적절한 욕구의 충족은 정상적인 성격 발달에 도움을 주어 긍정적인 성격을 형성할 수 있다. 하지만 그렇지 못하였을 때, 입을 통한 욕구 충족이 절제되거나 과잉으로 이루어지면 입, 입술, 혀와 관련된 생활에서 음식물에 대한 집착, 과식, 수다, 흡연이나 음주, 의존성, 타인에의 비난과 분노 등이 나타날 수 있다.

② 항문기(1~3세)

리비도가 입에서 항문으로 이어지는 시기로 배변 훈련과 연관되어 있다. 배변 훈련은 양육자가 보이는 태도와 반응, 감정에 따라 영아의 성격이 다르게 형성될 수 있다. 영아는 배변을 통한 욕구 충족과 부모의 반응 사이에서 배설의 욕구를 스스로 통제할 수 있다. 하지만 배변 훈련의 미숙으로 양육자가 보이는 부정적인 감정은 자아감 형성과 청결함에 대한 의존적인 태도나 강박적인 태도로 나타날 수 있다. 욕구의 지나친 통제는 고집이 세고 완고하며, 인색한 성격을 갖게 할 수 있고, 결벽증이나 청결함에 대한 지나친 집착을 보여줄 수 있다. 반면에 배변 훈련의 과잉 충족은 정리 정돈을 못하고 지저분하게 어지럽히는 행동이 나타난다.

③ 남근기(3~5세)

이 시기는 리비도가 항문에서 성기로 옮겨간다. 성기를 통해 리비도의 만족을 추구하며, 유아의 주요 관심사가 된다. 자기의 신체에 대해 호기심을 갖는다. 남아는 어머니를 대상으로 오이디푸스 콤플렉스(Oedipus complex)를, 여아는 아버지를 대상으로 엘렉트라 콤플렉스(Electra complex)를 경험한다. 이성의 부모에 대해 경쟁자로서 보지만 큰 몸집과 권위로 인해 '거세불안'이라는 두려움을 갖게 되어 결국에는 타협을 하며, 타협은 동일시 현상으로 나타난다. 경쟁심으로 불안을 느끼지만 타협하기까지의 감정 변화가 이 시기 유아의 성격 발달에 매우 중요한 영향을 준다. 그러한 과정을 겪은 유아들은 동일시 현상을 통해 남성이나 여성으로서의 역할을 학습하고, 부모 마음에 들게 하려는 노력을 통해 초자아가 발달한다. 지나친 욕구 불만과 과잉 욕구 충족은 고착 행동을 불러온다. 예를 들어 이성에 대한 관심이 많아 성에 탐닉하거나 이성에 대한 행동이 경직될 수 있다.

④ 잠복기(6~12세)

또래 관계에 관심이 높아지면서 부모에 대한 오이디푸스 · 엘렉트라 콤플렉스가 사라지고, 부모와의 동일시 현상이 오히려 강화된다. 학교생활, 숙제, 친구에 관심이 모이는 시기로 왕성한 에너지를 갖고 활동적으로 생활한다. 이 시기에 공격적 행동, 성적 본능, 리비도의 힘은 잠재된 상태에 있다. 잠복기의 아동은 이런 과정을 거치면서 사회적이며 도덕적인 가치관을 획득해간다. 학교에 다니는 이 시기의 아동은 사회적으로 인정받고 싶어 하며, 또래 친구들과 우정을 더욱 키워간다.

⑤ 생식기(13세 이상)

생식기는 남근기에서 보여주었던 이성 부모에 대한 성적 욕망이 한 번 더 나타난다. 잠복기 동안 이루었졌던 성격 구조의 요소인 원초아, 자아, 초자아의 균형이 혼란스러워지면서 심리적으로 불안해진다. 불안정한 청소년기는 극단적인 행동을 시도하기 쉬운 시기이며, 자살, 비행, 신경이상 등의 행동이 나타날 수 있다.

청소년들의 신체가 성숙해지고 이성에 대해 관심과 성적 충동을 표출하기 시작한다. 리비도가 이성에 대한 사랑 행위로 표출되면서 성적 친밀감과 본능에 대한 만족이 적극적으로 나타난다. 이는 성숙한 사랑의 시작을 나타낸다.

(2) 에릭슨의 심리사회적 발달 이론

프로이트가 개인의 무의식과 성적인 에너지에 대해 관심을 가졌다면, 에릭슨(Erikson)은 아동이 사회와의 관계 속에서 갖게 되는 사회적이며 문화적인 욕구를 설명하였다. 태어나서 평생동안 발달하는 자아를 중심으로 아동의 내적 본능과 요구, 사회적이며 문화적인 욕구 등이 어떻게 상호적 맥락에서 조화로운지를 보여주고 있다.

에릭슨은 프로이트와 달리 자아 또는 자아정체감을 중요시 여겼다. 개인의 자아는 부모와 사회문화적이며, 역사적 환경에 영향을 받는다고 하였다. 확고한 자아

정체감을 확립하려면 일생을 통해 여덟 가지의 위기를 성공적으로 해결해야 할 것이라고 하였다. 각 인생의 단계별로 위기 상황이 오는데, 그 위기를 잘 극복하였다면 긍정적인 결과를 얻을 수 있고, 그렇지 않다면 부정적인 성격 형성이 이루어지기 쉽다. 다시 말해서, 영유아의 성격을 긍정적인 면과 부정적인 면으로 구별하였고, 각 발달 단계마다 인간의 대처 양식의 결과는 적응과 부적응의 행동으로 나타난다고 본다.

프로이트가 청소년 시기인 생식기까지 발달 단계를 구분하였다면 에릭슨은 전 생애 동안 각 발달 단계에서 긍정과 부정적인 면에서의 갈등이 있기 때문에 그 가운데 최선책을 찾아가도록 해야 한다고 보았다.

① 1단계(출생~1세): 신뢰감 대 불신감

출생 후 1년간의 기간으로 영아가 세상에 대하여 신뢰감을 느끼는 매우 중요한 시기이다. 신뢰감을 갖게 하는 매우 중요한 인물은 엄마이다. 영아의 신체적·생리적 욕구에 잘 반응하는 양육자인가에 따라 신뢰감을 갖게 되지만 아기의 욕구가 충족되지 못하면 욕구 불만과 주변 환경에 대해 불신감을 갖기 쉽다.

② 2단계(1~3세) : 자율성 대 수치심/회의감

이 단계에서 영아는 자율성에 대한 욕구가 강하여 과장된 투쟁이나 떼쓰기를 할 수 있다. 대부분의 행동이 부모에게 매우 의존적이나 가끔 자율적으로 행동하여 부모들을 곤란하게 할 수 있다. 신체 전반에 대한 자율적 통제 능력을 확보하려고 노력한다. 이런 아이들에게 새로운 것에 대한 호기심을 유발하는 기회를 자주 주어야 할 것이다. 반면, 탐색할 시간이나 기회가 주어지지 않는다면 자율적인 태도보다는 오히려 자신의 행동에 대한 수치심이나 회의감을 갖게 할 수 있다. 독립심보다는 의존적 행동이 강화될 수도 있다.

③ 3단계(3~6세): 주도성 대 죄책감

유아들은 내적 본능과 사회적 요구 사이에 갈등을 겪는다. 생기와 호기심이 넘치는 이 시기의 유아들에게 활동이나 환경에 있어서 주도적 역할을 수행할 수 있는 여건을 만들어 준다. 놀이에서 자유롭게 활동하고, 유아 스스로 활발히 움직이며 놀이를 주도할 수 있다. 주도성은 유아 내적인 호기심이 질문과 탐색을 재현하는 언어 발달 과정과 함께 이루어진다. 긍정적인 측면은 주도성이지만 지나친 호기심이 성인을 괴롭히거나 부담스럽게 할 때 우호적인 반응을 보여줄 수 없다. 이때, 유아는 죄책감을 느끼기 쉽고, 부정적인 자아와 자존감을 갖기 쉬우므로 이 시기에 급격히 발달하는 주도성 형성에 유의할 필요가 있다.

④ 4단계(6~11세): 근면성 대 열등감

6~11세 아동의 생활 경험에 따라 근면성을 갖추거나 갖추지 못할 수 있다. 정옥분(2003)은 근면성을 '아동이 속한 사회에서 성공적으로 기능하고 경쟁하는 데 필요한 기술을 습득하는 능력'으로 정의하였다. 학교교육이 시작되는 이 시기는 읽기, 쓰기, 셈하기 등 중요한 인지적 기술과 사회적 기술을 습득해야 하는 과업이 있다. 이러한 기술을 익히지 못하면 열등감을 느끼게 되며, 아동이 속한 세계에 잘 대처하지 못할 수 있어 자신을 무능력하거나 중요한 존재가 아니라고 지각하게 된다.

⑤ 5단계(12~18세): 자아정체감 대 역할혼돈

12세에서 18세까지에 해당하며 이 시기의 발달 과업은 자아정체감의 형성이다. 많은 청소년이 '나는 누구인가'를 고민하며 생활한다. '나는 누구이며, 무엇을 할 수 있을까? 나의 미래는 어떠할까?' 등 자아정체감과 관련한 물음을 던진다. 이러한 자아정체감 형성 과정은 이 시기의 가장 중요한 발달 과업이다. 에릭슨은 이 시기의 다수 청소년이 정체감의 위기를 맞이한다고 하였다. 아동기에서 청소년기로 접어들면서 2차 성징과 같은 신체적 변화와 이성에 대한 관심, 진로와 진학의 문제, 전공 결정 등 자신의 정체성에 대한 고민이 많아진다. 정체감의 확립은 부단한 자신의 노력에 의해 이루어지므로 그에 실패한 청소년들은 역할혼돈을 경험하면서 정체감도 혼란스러워지고, 그 상태를 벗어나고자 비행 행동으로 빠지기 쉬워진다. 역할혼돈 상태가 지속되면 만성적 비행이나 병리적 성격 상태가 지속될 수 있다. 이 시기의 청소년들은 사춘기의 신체적 변화에 자신을 적응시키고 직업의 선택, 성적 정체성 확립과 새로운 가치관 탐색에 대해 스스로 노력할 수 있도록 성인의 지도와 관심이 절대적으로 필요하다.

⑥ 6단계(18~35세): 친밀감 대 고립감

이 단계는 성인기가 시작되는 단계로 타인과의 관계 형성에 따라 친밀감을 이룬다. 자신에 대한 정체성을 확립하는 시기가 끝나면 성인기에는 청소년기보다 깊이 있고 1회 이상의 친밀한 관계를 유지할 수 있어야 한다. 에릭슨은 친밀감을 자신의 정체감과 다른 사람의 정체감을 융합시키는 능력이라고 표현한다(정옥분, 2003). 친밀한 관계 형성의 능력은 타인을 이해하고 공감할 수 있는 정서에 달려 있다.

친밀감을 형성하지 못하고, 타인과의 관계를 개인적으로 또는 직장에서 구축하지 못하면 타인과의 교류가 없어 스스로 고립되어간다. 이럴 때, 모든 사람은 고독감을 느끼며, 그로 인해 여러 가지 병폐가 생길 수 있다. 일단 대인 관계가 위축되면 타인에 대한 저항이나 반항, 더 나아가 사회에 대한 불만으로 이어질 수 있다.

⑦ 7단계(35~55세): 생산성 대 침체성

성인기에 해당하는 이 시기의 성인은 다음 세대를 위해 자녀를 출산하고 양육하며 직업적 성취와 생산성에 역점을 둔다. 생산성을 높이기 위해 중년의 성인은 자녀를 낳아 기르는 생물학적 생산성과 다음 세대를 위해 지식이나 기술을 전수하거나 전수 받는 직업적 생산성이 있다. 중년기의 성인은 인생이 저물어가고, 다음 세대에 물려 줄 것이 없다고 생각하면서 침체기에 이른다. 침체기의 성인에게 인생은 지루하고 의미가 없으며, 불평이 많고 매사에 비판적으로 생각하는 경향이 있다.

⑧ 8단계(55세 이상): 자아통합 대 절망감

노년기에 해당하는 이 시기는 지나간 생활을 되돌아보고 만족감과 성공을 느낄 수 있다. 자신의 삶을 의미 있고 만족스러운 것이라고 인식하여 인생을 후회하지 않으면 자아통합을 실현할 수 있다. 이전의 단계를 바탕으로 자신의 정체성과 자아감을 통합한다. 반면에 자아통합이 이루어지지 못하면 지나온 시절을 후회하고 절망감에 빠진다. 노년기의 절망감은 인생의 황혼기에 있어서 필연적으로 나타나는 것일 수 있다. 모든 자식들이 떠나가는 빈둥지증후군을 겪거나 인생의 말년에 느끼는 무력함을 피할 수 없을 때가 있기 때문이다.

(3) 매슬로우의 욕구 이론

인간의 내적 성장에는 개인의 강한 추진력이 영향을 준다. 이는 자신의 잠재력을 발달시키기 위해 욕구를 충족시키려는 본능이 있기 때문이다. 인간의 타고난 욕구는 현재의 상태보다 좀 더 성공하고자 하는 자세와 태도를 갖게 한다. 매슬로우(Maslow)는 인간의 타고난 욕구를 모두 5가지로 구분하고 있으며, 욕구의 위계가 있다고 설명한다.

인간의 가장 기본적인 욕구로 생리적 욕구가 있다. 음식, 물, 성 등과 같은 인간에게 생리적으로 필요한 기초 욕구라 할 수 있다. 그다음이 안전에 대한 욕구이다. 생리적 욕구가 충족되면 인간은 안전과 질서를 요구하게 되고, 그에 따라 삶의 안정성을 갖고 싶어 한다. 세 번째로 소속과 애정에 대한 욕구이다. 생활의 안정성뿐만 아니라 우리 인간에게는 소속감이나 사랑의 대상을 찾고 싶어 한다. 가족의 일원으로서 사랑 받고 싶어 하면서 동시에 사랑을 베풀 수 있는 대상이 필요하다. 매슬로우는 여기에서 인간의 욕구는 더 나아가 존중의 욕구를 제시하고 있다. 자신도 타인을 존중하지만 타인의 긍정적 또는 부정적 견해와 반응이 우리에게 주는 자아 존중감의 정도가 달라진다고 본다. 이러한 자아감을 바탕으로 인간은 성장에 대한 욕구가 갈수록 강해져 자아실현의 욕구를 실현하고자 꾸준히 자기를 계발한다는 것이다. 자아실현의 욕구 이전에 지식을 알고자 하는 인지적 욕구와 아름다움에 대한 감상을 즐기고 기쁨을 갖는 심미적 욕구가 있다고 하였다.

각 욕구의 위계에 따라 성장 발달하는 아동은 욕구가 충족되면 상위 욕구로 나아가는 데 그렇지 못하면 여러 가지 부적응적 행동이나 신경증적 행동들이 나타날 수 있다는 것이다. 예를 들어 하위 욕구인 생리적 욕구와 안전에 대한 욕구가 만족스럽지 못하면 점진적인 욕구 충족이 이루어지지 않을 것이며, 특히 4가지의 하위 수준의 욕구(생리적 욕구, 안전 욕구, 소속감과 애정 욕구, 존중 욕구)가 충분히 만족되어야 지식과 이해의 욕구에 해당하는 인지적 욕구가 가능할 것이고, 그 다음 심미적 욕구에 대한 노력이 생긴다고 보았다.

매슬로우는 인간이 지니고 있는 건강한 특성에 더욱 관심을 갖고, 인간이 상위 수준으로 향하고자 하는 내적 경향성을 갖는다고 하였으며, 자아실현을 향한 내적 경향성이 봉쇄될 때 자아감의 손상이나 삶의 갈등이 생기므로 상담이 필요한 경우가 발생한다고 보았다(김춘경, 2004: 43).

그림 2-8 매슬로우의 욕구 단계

PART

03

아동상담의 실제

「말 안 듣는 아이 바꾸는 10가지 방법」

해외 매체에 실린 미국 예일대 육아 클리닉 Alan 박사의 조언을 참고해 그 10가지를 소개한다.

1. 칭찬은 90%, 벌은 10%

먼저 벌을 주는 것보다 어떻게든 아동의 좋은 행동을 더 눈여겨보고 칭찬하는 것이 더 중요하다. 여기에는 엄마와 아빠의 관찰과 협력하려는 노력이 상당히 필요하다. 부모의 말에서 나오는 꾸중의 비중이 커질수록 아동은 부정적 인식을 하게 되고, 자신의 나쁜 행동에만 부모가 집중한다고 느낀다. 무조건 좋은 행동에 대한 칭찬이 훨씬 많아야 한다.

2. 야단은 짧게

아동을 키우다 보면 야단을 강하게 쳐야 할 순간이 생각보다 적지 않게 찾아온다. 하지만 야단을 칠 때에는 그 자리에서 바로, 매우 짧게 하는 것이 좋다. 길게 질질 끄는 방식으로 아동을 앉혀놓고 야단을 치거나, 시간이 조금 지난 후에 야단을 치는 것은 좋지 않다. 긴 야단은 효과를 오히려 축소시키기 때문에 짧게 하는 것이 효과적이다.

3. 침착성 기르기에 집중

아동을 기르는 엄마 아빠가 가져야 할 궁극적인 목표는 아동의 생떼를 없애고 침착하게 만드는 것이다. 그렇기 때문에 여러 감정으로 인해 엄마 아빠가 흥분하는 모습을 보여주거나, 아동에게 혼을 낼 때에도 감정적으로 흥분한 모습을 보이면 아동도 같이 흥분하고, 생떼의 정도는 올라가게 된다. 궁극적 목표를 생각하며 침착하려고 노력할수록 아동도 비교적 빠르게 침착해진다.

4. 필요할 땐 단호히 무시

아동이 불필요한 떼를 쓸 때, 단호하게 무시하는 방법을 배워야 한다. 아니면 그 상황에서 걸어 나가 버리는 방법도 있다. 부모님이 관심을 주지 않으면 사실 아동은 생떼 부릴 이유가 없어진다. 이를 꽉 물고 아동을 쳐다보지 않거나, 다른 쪽으로 가버리자. 아동은 자신이 잘못된 행동으로 떼를 쓸 때 부모님이 관심을 주지 않는다는 사실을 명확히 인지하게 될 것이다.

5. 지침은 한 번만 강하게

아동이 저지른 잘못된 행동에 대해서, 또는 하지 말아야 할 행동에 대해서 지침을 내려야 할 때 아동을 훈계하려는 마음이나 제대로 각인시키려는 마음에서 여러 번 당부하고 싶겠지만, 꾹 참고 딱 한 번만 강하게 지침을 주자. 여러 번 말하면 그 효과는 떨어지고, 아동은 자기가 관심을 받고 있는 것이라 착각하기 때문이다.

6. 보상 시스템 활용

부모님의 당부 사항을 전혀 지키지 않은 아동에겐, 보상 시스템을 시작해보자. 단 게임처럼 하는 것이 좋다. 예를 들면 일찍 잠자리에 들지 않는 아동에게, 부모님의 지시에 따라 바로 침대에 가면 포인트를 하나씩 주고, 포인트가 일정 수준을 넘으면 선물 같은 보상을 주기로 하는 것이다. 이 게임의 룰을 알려준 뒤 잠자리에 들지 않는 아동에게 '포인트를 얻을 수 있는 기회를 잃었네~ 다음에는 한 번에 해서 포인트를 얻자'라고 이야기하면 아동은 금방 침대로 갈 것이다. 이때, 칭찬을 해주되 룰을 엄격하게 지키기 위해 포인트는 주지 말자. 이를 반복하면 아동은 한 번에 가는 습관을 기르게 된다.

7. 때때로는 과장하기

아동을 기르면서 쉽게, 금방금방 지치는 것은 당연한 일이다. 하지만, 힘들더라도, 아동들은 어른이 아니라는 것을 상기하자. 아동들은 항상 부모님의 관심을 필요로 한다. 지쳐서 오버할 힘이 없더라도, 아동의 작은 행동 중 앞으로 지속되길 바라는 것이 있다면 종종 엄청난 칭찬과 오버액션을 취해보자.

8. 부정적 표현 삼가기

아동이 그릇된 행동, 맘에 들지 않는 행동을 하고 있을 때 주로 부정적이고 짧은 표현으로 아동에게 말하는 부모들이 많다. 하지만 이에 더해 긍정적인 반대 행동을 제시하는 것이 더 좋다. 예를 들어, 아동이 장난감을 팽개치고 도망갔다면 "장난감 팽개치지 마!"라고 하는 대신, "장난감은 장난감통에 넣자."라고 말하고, 동생을 괴롭힌다면 "동생 때리지 마!"라고 하는 대신, "예쁜 동생이 형 좋아하잖아. 따스하게 쓰다듬어 주자. 이렇게" 같은 식으로 말해보자. 그리고 아동이 그 말을 따른다면, 엄청난 칭찬을 해주자.

9. 즉각적인 관심

아동이 잘한 행동엔 즉시 관심을 쏟는 게 중요하다. 그리고 구체적으로 아동의 어떤 행동이 좋았던 것인지 언급하는 게 필요하다. 한참 있다가 나중에 아동의 행동을 칭찬하거나, 애매모호하게 칭찬하면 아동들은 자신의 어떤 행동 때문에 좋은 소리를 듣는지 명확히 파악하지 못한다. 바로 그 상황에서 구체적으로 어떤 행동이 좋다고 해야 아동들은 이해한다.

10. 결과가 아닌 과정 칭찬

아동이 상을 받아왔을 때, 상을 받았다는 사실만 칭찬하는 것은 옳은 방법이 아니다. 부모님이 상을 받아왔다는 것만 칭찬하면 아동은 단순히 '상을 받으면 칭찬을 받으니, 상을 받지 않으면 안 되는구나.'라고 생각할 수도 있다. 상을 받기 위해 아동이 노력한 사실을 칭찬해야 한다. 그렇게 해야 아동은 동기부여를 받아 다음에도 노력할 뿐만 아니라, 상을 받지 못하더라도 크게 좌절하지 않을 것이다.

출처: 데일리 라이프.포스트. 2016. http://naver.me/FL8gGO1K

01 주의가 산만한 아이는 부모가 만든다

▸▸ 일화

아침 10시다. 아이는 아직도 아침밥을 먹고 있고 엄마는 아이에게 밥 한 숟가락 떠먹이고 부엌으로 가서 남은 설거지를 하면서 아이에게 다시 밥을 빨리 먹으라고 재촉한다. 그러더니 떨어진 수건을 들고 세탁실로 간다. 다시 부엌으로 가서 남은 설거지를 계속하면서 힐끔 아이를 보면서 다시 빨리 밥을 먹으라고 재촉한다. 그리곤 다시 아이에게로 가서 밥 한 숟가락을 떠먹이고는 다시 안방으로 들어가 어젠 사 둔 화장품을 꺼내 화장대 위에 늘어놓곤 한번 씨익 웃는다.

▸▸ 문/제/행/동/지/도

산만함이란 정신이 산란하고 혼란스러운 정도를 말한다. 주의가 산만하다는 것은 필요한 과제에 선택적으로 집중하지 못하고 동시에 여러 가지 자극에 주의가 분산되는 것이나.

위 일화의 부모는 산만해 보인다. 이런 산만한 부모의 특성이 아이에게 어떤 영향을 미치는가? 산만한 부모는 불안한 경우가 많고 이런 부모의 불안은 아이에게 그대로 전달되어 아이 또한 불안한 경우가 많다. 흔히 산만한 아이는 환경적으로 혹은 심리적으로 불안한 경우가 많다. 그래서 참을성도 없고 동기도 부족하며 자신감도 없는 아이이다. 무엇보다도 어른의 안내와 지도가 필요한 아이들이다.

아이가 어떤 일을 끈기 있게 지속적으로 한다면 칭찬과 격려를 해주고 부모가 먼저 모델이 되어 아이가 방해를 하더라도 하던 일을 계속하는 모범을 보여준다.

산만한 환경이 되지 않도록 해주어야 한다. 항상 정돈된 집 안을 유지하도록 해야 한다. 아이 방은 커튼이나 카펫을 깔아서 불필요한 소음은 줄여주고 잡다한 물건들이 눈에 잘 띄지 않도록 가리개 같은 것을 이용해 정리하고, 특히 아이의 책상은 잘 정리하고 너저분한 물건들이 없도록 한다.

처음에는 아이들이 좋아하는 물건이나 과제를 제시하고 점차적으로 아이들이 덜 좋아하는 것을 하도록 계획을 짠다. 또한 과제를 줄 때 너무 많은 과제를 한꺼번에 주지 않도록 하고 짧고 구체적인 과제를 주도록 한다.

지시는 분명하고 구체적이어야 하며 소위 잔소리처럼 불필요한 군더더기 말을 줄인다. 아이가 이해할 수 있도록 설명해 주는 것은 좋지만 한두 번 정도로 끝내야 한다. 너무 부모가 말을 많이 하는 것은 오히려 아이가 지시에 집중하지 못하게 하며 건성으로 듣게 한다. 즉, 말에 있어서의 'Stop'을 잘해야 한다.

밥을 먹으면서 TV시청을 하지 않도록 한다. 일관성 있는 양육태도를 유지하는 것도 중요하다. 엄마는 안 되고 아빠는 되는 식의 양육 태도는 가장 좋지 않다. 아이에게 과제나 활동을 유도할 때 시작은 부모가 같이 해주고, 마무리는 아이가 할 수 있도록 해주는 것도 기법이다.

일상적인 규칙을 만들어 매일 일관되게 지키도록 한다. 부모들도 자신들의 규칙을 만들어 지키는 모범을 보여준다.

02 공격적인 아이

▸▸ 일화

어느 일요일 큰 아이가 소리를 지르며 내 뒤에 숨는다. 곧이어 등장한 둘째 아이 손에는 야구 방망이가 들려 있고 둘째 아이는 아직도 씩씩거리며 금세라도 터져버릴 폭탄의 뇌관처럼 상기된 얼굴로 내 앞에 서있다.

▸▸ 문/제/행/동/지/도

때리고 싸우는 공격적인 행위는 손이나 물건을 사용하여 다른 아이를 습격하고 물건을 파괴하는 행위를 말하는데, 이런 행위가 습관적으로 일어날 때 문제가 된다. 먼저 이런 행위가 일어나는 상황을 몇 가지로 살펴볼 수 있다. 첫째, 특별한 이유 없이, 둘째, 다른 아이가 먼저 때리니까 그에 대한 반격으로, 셋째, 일이 자기 마음대로 되지 않아서, 넷째, 참았던 화가 폭발해서 나올 수 있다(정보인, 1999). 손으로 때리건 도구를 무기처럼 사용하건 똑같이 처음부터 엄하게 통제해야 한다. 특히 무기를 사용하는 경우는 즉각적인 개입이 바람직하다. 공격적인 행위는 둘 다 나쁘지만 아이 본인이나 주변 사람을 위험하게 할 확률이 높은 무기 사용이 더 엄하게 다루어 져야 한다. 물건을 파괴하는 식의 공격성의 표출은 "부수면 안 돼." 혹은 "던지면 안 돼."라고 일단 잘못된 행동이라는 것을 알게 한 후 반드시 원상복귀시키도록 해야 한다.

공격적인 행동이 일어나는 상황별로 적절한 지도 방안을 살펴보도록 하자. 첫째, 특별한 이유 없이 다른 아이를 공격한다면 다른 여러 가지 문제가 복잡하게 얽혀 있을 가능성이 높다. 우선 이런 공격적인 행동을 보이기 직전에 무슨 일이 있었는지 공격적인 행동을 한 이후에 주의 반응이 어떠하였는지 며칠간 기록하며 관찰한다. 그러면 어떤 공통적인 원인이 밝혀질 것이다. 원인이 밝혀지면 그 원인을 미리 제거해주어 공격적인 행위를 미리 예방한다.

둘째, 다른 아이가 때리니까 그에 대한 반격으로 공격적인 행위가 있었다면 공격적인 행위 자체는 어쩌면 당연한 것일 수 있다. 이때 무기가 사용되었다면 이를 지적하고 다시금 무기를 사용하지 않도록 제재해야 한다. 또한 이런 상황이 빈번히 연출된다면 먼저 때리는 아이를 찾아 두 아이를 함께 행동수정을 하는 것이 좋다.

셋째, 일이 자기 마음대로 되지 않아서 공격적인 행동을 한다면 이는 과거에 자기 마음대로 하고자 할 때 공격적인 행위를 통해 원하는 목적을 달성한 경험이 있기 때문이거나 정말 아이가 하기 싫은 일을 강요받거나 하는 일이 너무 어려워서 피하고 싶은 마음이 표출되어서 일 수 있다. 이때는 아이에게 부가된 일의 특성을 다시 점검해보고 아이 수준에 합당하지 않다면 아이가 수행 가능한 수준의 일로 대체해주면서 이럴 경우에는 적절히 자기 표현을 하는 방법을 아울러 알려준다. 하기 싫은 일을 피하고 싶은 표현이라면 아이가 하기 싫어도 반드시 해야 하는 일이 있다는 것을 알게 하기 위해서라도 끝까지 하도록 한다. 단 쉽게 일의 마무리를 통한 성공의 경험을 맛볼 수 있도록 과제 분석이라는 것을 통해 세부적으로 일을 나누어 하도록 하게 한다. 아무리 강력한 공격적 행위로 하기 싫은 일이라는 표현을 대신할지라도 면제해주면 안 된다. 하기 싫어도 반드시 해야만 일이 있다는 것을 알게 해주어야 한다.

넷째, 참았던 화가 폭발한 경우라면 화를 적절하게 풀어 쌓이지 않게 한다. 예를 들어 독백훈련법과 같은 것으로 화가 났을 때 아이의 생각을 글로 쓰게 하는 것이다. 대략 화가 났던 상황, 자신이 한 공격적인 행동에 대한 묘사, 그때 주위에서 받은 부정적인 반응, 공격적인 행동과 대체될 수 있는 바람직한 화풀이 방법으로는 어떠한 것이 있는지에 대해 글을 쓰게 한다. 그 다음에는 바람직한 화풀이를 했을 때의 좋은 점과 나쁜 점에 대해 적게 한다.

원인이 되는 상황과 상관없이 공격적인 행위가 나타나면 즉시 아이의 행동을 멈

추게 하고 간단히 꾸짖은 다음 아이의 행동 중에 나쁜 행동의 이름을 말해 준다. 예를 들어 "안 돼! 친구에게 방망이를 들고 때리면 안 돼." 이런 식으로. 그리고는 바닥을 두어 번 친 다음 타임아웃시킨다. 타임아웃이 끝난 후 아이가 한 공격적인 행동에 대해 스스로 말해 보도록 한다. 그리곤 안전하게 자신이 화가 났음을 알리는 방법에 대해 생각해 보게 한다.

03 버릇없는 아이

▶▶ 일화

식당에서 소리를 마구 지르면서 돌아다닌다. 어느새 계산대에 가서는 볼펜을 집어 들고 계산기를 눌러대다가 식당 주인에게 한 소리를 듣는다. 이런 아동들의 특징은 전철이나 버스를 타면 떠들고 돌아다니거나 의자 위에 올라가 창밖을 본다. 식당에서는 돌아다니며 계산대 위의 물건들을 만지거나 서빙하는 사람과 부딪히기도 한다. 그러다 보니 식사시간은 보통 1시간을 넘어가고 한 입 먹고 돌아다니고 한 입 먹고 돌아다니기를 반복한다. 긍정적인 시각에서 보면 호기심이 많고 탐색적인 아이이며 명랑하고 활발한 아이라고 볼 수 있다. 전철이나 버스에서 밖 풍경을 보고 싶은 것은 어쩌면 자연스러운 일이다. 아무래도 답답한 곳에 오랫동안 앉아 있어야 하기 때문이다. 그러나 분명 다른 승객들이나 식당 안의 다른 손님들의 편안하게 목적지로 이동할 권리나 편안하게 식사할 수 있는 권리를 침해하는 일이다.

▶▶ 문/제/행/동/지/도

일단 버스나 전철을 탄 경우라면 아이들을 무조건 통제하기보다는 얌전히 앉아서 엄마와 함께 밖의 풍경을 보면서 이야기를 나누도록 한다. 지하철이라면 지하철이 어떻게 가는지 다음 정거장은 어디인지 지하철 안의 광고판들을 보면서 이야기를 나누도록 한다. 평소에도 짧은 동화책들을 가지고 다니면서 이동하는 동안 읽어 주는 것도 좋은 방법이다.

혹시 이미 엄마가 제지하기도 전에 의자 위로 올라가거나 옆 좌석의 승객에게 아이의 발이 닿거나 하면 아이의 손을 잡고 가볍게 사과하는 모습도 아이에게 보여준다.

식당 안이라면 아이의 입에 맞는 것으로 시켜주고 빨리 먹은 후 할 수 있는 활동들을 제시해 준다. 예를 들면, 밥 먹고 하고 싶은 게 뭔지 물어보고, “그 활동을 하려면 빨리 밥 먹고 가야겠다. 그치?”하면서 이외에도 편식 버릇의 문제나 예절 없는 아이 등 여러 문제가 있다.

항상 예절 바르게 행동하고 웃어른을 공경하며 상황에 알맞은 언어를 사용하는 일은 몸에 배어 습관화되어야 한다. 유치원을 오고 갈 때나 길거리에서 이웃어른을 만났을 때 손님을 맞이할 때 부모, 집안 어른, 선생님, 친구 등에 따라 어떤 말씨와 태도를 취해야 하는지 함께 이야기해 보고 연습해 본다. 단 아동의 발달 수준에 맞게 가르쳐야 한다. 그리고 예절을 익히는 과정에서 잘 지켜지지 않는다고 해서 아동의 행동을 비난하거나 질책하지 않도록 한다. 오히려 아동에게 반항심만을 불러일으키게 될 것이다.

이런 교육적 경험을 통해서 아동의 나이에 맞지 않는 미숙함이 발견되거나 아동이 자꾸 자기보다 나이 어린 아동의 행동만을 고집하려 한다면 전문가와 상담을 해보는 것이 좋다. 심리적인 퇴행문제일 수도 있기 때문이다.

04 무조건 반항하는 아이

▸▸ 일화

작은 아이의 울음소리에 아이들 방으로 달려갔더니 작은 아이가 바닥에 엎드린 채 울고 있고 큰 아이는 아직도 씩씩거리며 작은 아이를 내려다보고 있다. 작은 아이를 일으켜 보니 코피가 조금 흐른다. 왜 그랬냐고 물으니 말하기 싫다는 듯 "몰라요"라고만 한다. 일단 작은 아이를 진정시키기 위해서 휴지 좀 가져다주겠냐고 했더니 "싫어요"라고 한다. 몇 번을 이야기해도 들은 척도 안 한다.

▸▸ 문/제/행/동/지/도

일화에서 보면 원인은 알 수 없으나 두 아이가 싸웠는데 엄마가 보기엔 작은 아이가 피가 나니 작은 아이에게 먼저 집중되겠지만 그렇다고 큰아이에게 작은 아이를 위해 휴지를 가져다 달라고 하는 것은 무리한 요구이다. 이런 상황이라면 휴지를 가져다주는 것이 이상할 정도이다. 무조건 반항하는 것이 아닌 경우가 많다. 일단 어떤 문제든 엄마가 너무 예민하게 대처하지 않는 것이 문제를 악화시키지 않는 태도이다. 발달기에 특히 5세 이전까지는 자기중심적인 것이 발달 특징이다. 그래서 자기 위주로 생각하고 판단하고 그런 부분들이 엄마가 보기에는 반항하는 것으로 보일 수도 있다. 예를 들어 자기가 낮잠을 자지 않았으므로 낮이 아니라고 하는 아이들이다.

또한 어떤 지시나 명령을 했을 때 잘 따르지 않았다면 엄마의 지시가 효과적이지 못했을 수도 있다. 즉, 아동이 지시를 명확히 이해하지 못했거나 엄마가 지시를 확실하게 하지 않았을 수 있다. 그러므로 지시를 할 때는 뜻하는 바를 확실히 하는 것이 좋다. 그리고 한꺼번에 너무 많은 지시를 하지 말아야 한다. 또한 아동이 엄마에게 집중할 수 있도록 아동과 눈을 맞추거나 아동의 얼굴을 돌려 세워 엄마의 얼굴을 쳐다보게 하는 것이 좋다. 지시를 하기 전에 불필요한 잡음이나 방해물은 제거하는 것이 좋다. 아동이 TV를 시청하거나 컴퓨터 게임을 하고 있는데 지시를 내린다면 아동에게 지시 내용이 전달되기 어려워서 결과적으로 순종적이지 않은 것으로 보일 수 있다. 지시를 내린 다음 아동에게 지시 사항을 반복해보게 하는 것도 좋은 방법이다.

아동이 엄마의 지시를 잘 따랐을 때 관심을 보여주고 아동의 순종적인 행동에 긍정적인 평가를 해주어야 한다. 일단 아이가 바쁘지 않은 시간을 골라 "엄마에게 휴지 좀 갖다 주렴." 혹은 "엄마 로션을 이리 가져올래?"라는 식으로 아동에게 지시나 요구를 하고 따르게 한다. 그런 다음 잘 따라하면 "엄마가 시킨 대로 해주니까 너무 좋구나. 네가 휴지를 가져다줘서 얼마나 깨끗해졌는지 좀 보렴. 네가 휴지를 가져다주다니 참 착하다." 이런 식의 칭찬을 해준다. 1~2주 정도 시간을 내서 집중적으로 이런 순종 훈련을 시키면 어느 정도 반항적인 부분이 많이 해소가 될 것이다. 때론 지시한 내용과 정반대로만 행동하는 청개구리형의 아이도 있다. 정말 반항하는 것처럼 보이는 아이들이다. 이런 아이들의 경우에도 위의 순종 훈련이 효과적일 것이다.

05 다 사달라는 아이

▸▸ 일화

어제 야근을 해서 미안한 마음에 오늘은 아이를 데리고 장난감 가게에 왔다. 그런데 아이는 처음에는 쥬쥬 인형을 사달라고 하더니 나중엔 햄토리 집을 사달고 하고 막상 계산을 하려니 자동차를 사달라고 떼를 부린다. TV에서 나오는 것마다 사달랜다.

유아기 특히 언어적으로 급격한 발달하기도 하는 4~5세는 일생에서 호기심이 가장 왕성한 시기이다. 동시에 사물에 대해 빨리 싫증을 내는 시기이기도 하다(장휘숙, 1987). 그렇기 때문에 눈에 보이는 대로 사달라고 하는 것이 어쩌면 당연한 현상일 수 있다.

이 시기의 아동의 호기심은 지적 성장을 촉진시키는 중요한 요인이기도 하다. 호기심이 많은 것은 지적 자극을 위한 도약의 시작점이고 이를 해소하는 과정을 적절히 도와주면 우수한 지적 능력으로까지 발전시킬 수 있을 것이다.

▸▸ 문/제/행/동/지/도

아무데서나 떼를 쓰면 적절히 통제를 해주어야 하는 것처럼 보이는 것마다 사달라고 하는 아동도 문제다. 특히 일하는 엄마라면 절대시간을 아이와 함께하지 못한다는 생각에 어느 정도 죄책감을 가지고 있어 아이가 원하는 대로 다 사주면 아이도 기뻐하는 듯해서 좋고 엄마는 엄마대로 죄책감에서 조금은 벗어날 수 있어 좋다 싶어 마구 사주게 된다. 그래서 달랑 한 시간만 가지고 놀다 이내 던져 놓은 장난감들로 집 안이 가득 찰 정도가 되고 아이는 또 다른 장난감을 사달라며 엄마의 손을 끌게 되는 악순환을 반복하게 된다.

아동의 호기심으로 인한 발동인지 정서적 상실감이나 공허감으로 인한 것인지를 구별부터 해야 한다. 일하는 엄마라면 절대시간이 부족하며 아이도 그에 따른 모성결핍이 있을 수 있기 때문이다. 그렇다면 사달라는 것 중에서 우선순위를 물어보든가 아이가 좋아할 만한 다른 대체 장난감을 제시해서 사고자 하는 욕구를 만족부터

시켜준다. 그런 다음 모성결핍이나 정서적 상실감에 대한 대책으로 반려동물을 키우게 하거나 기르기 쉬운 화초 기르기와 같이 아동이 다른 곳에 애정을 쏟을 만한 것을 제공해 주도록 한다. 한 달에 한번 보육원이나 장애인 시설 같은 곳에 아이와 함께 방문해 자원봉사를 해보는 것도 좋은 방법이 될 것이다. 또한 친한 친구들을 집에 초대해 아이와 더욱 돈독한 시간을 보낼 수 있는 기회도 자주 제공해 준다.

지적인 성장을 위한 호기심의 발동이라면 아동의 호기심은 새로운 물건을 가지는 것으로 충족될 수 없음을 기억해야 한다. 일단 반복해서 설명해야 한다. 그리고 꼭 가져야 하는지 다시 한 번 생각해 보도록 돕는다. 번거로워서 화부터 내거나 꾸지람부터 하는 것은 호기심 자체를 잘라버리는 일이 될 것이며 아이들의 자기표현 능력이나 자아 존중감에도 손상을 입히는 일이 될 것이다. 무슨 물건이든 만져보고 흔들어 보고 떨어뜨려 봄으로써 환경을 탐색하고 변화를 관찰하는 것이 도움이 된다. 외부 환경에서는 그렇게 하기 어려우므로 적어도 가정 환경 내에서는 자유롭게 움직이고 탐색할 수 있는 여건을 조성해준다.

06 거짓말쟁이 우리 아이

▸▸ 일화

아이는 오늘도 피아노 학원에 가지 않았다. 그러나 내가 물어보면 언제나 피아노 학원에 다녀왔다고 한다. 숙제를 했느냐고 물으면 항상 숙제를 다 했다고 한다. 그러나 숙제를 다하지 않았다.

▸▸ 문/제/행/동/지/도

아이가 거짓말하는 것이 확실하다면 먼저 어떤 종류의 거짓말인지를 곰곰이 생각해 보아야 한다. 첫째, 아동이 문제가 생겼을 때 제대로 표출하지 못해서 일 수 있다. 둘째, 시간이나 공간 개념 결여로 인한 경우가 있다. 셋째, 상상과 지각이 뒤섞여서 일 수 있다. 넷째, 자기 나름대로 바꾸어 버리는 경우가 있다. 다섯째, 어른들이 거짓말하는 것을 보고 자란 아이인 경우가 있다. 여섯째, 발달 지체로 인해서 실제 사실과 상상의 세계를 구분 짓지 못해서 또는 혼동해서인 경우가 있다. 일곱째, 자기 주변에 대한 깊은 불신감이 있어서 신뢰감의 결여로 인해 다른 사람에게 마음을 열지 못해서인 경우다. 어른과 신뢰롭고 사랑에 찬 지속적인 관계를 맺지 못하고 어려움이 있거나 잘못을 했을 때 이해하고 처리하며 도움을 주는 사람이 주변에 있으리라고 믿지 않는 아이이다. 여덟째, 처벌에 대한 두려움 때문에 거짓말을 할 수 있다. 체벌 위주의 엄한 교육 환경에서 양육된 아이라면 이런 이유인 경우가 많다. 아홉째, 부모나 교사로부터의 부당하거나 부적절한 요구를 강요받으면 아이가 거짓말을 하게 되는 갈등상황에 처하게 된다.

이런 이유들로 인해 거짓말을 빈번하게 하게 되면 아이로 하여금 신뢰감을 갖게 해야 한다. 긍정적인 방법으로의 성취들을 인정해준다. 왜냐하면 허풍이나 과장으로 인정받거나 애정을 확인하려고 하면 일단 먼저 아이의 욕구를 충족시켜준 뒤 아이의 상태를 살피는 것이 좋다. 아이와의 사소한 약속이라도 부모가 먼저 반드시 지켜서 모범을 보여준다. 예를 들어 밤에 아이가 자고 있을 때 미리 알려주지도 않고 부모가 잠깐이면 괜찮겠지 하는 생각으로 집을 비우는 것과 같은 경우는 아주 좋지 않다.

아이가 거짓말을 하는 이유를 찾기 위해서 아이의 입장이 되어 보는 것도 중요하다. 이를 통해서 어른에 의해 주어진 부적절한 행동 규칙들 때문인지 아니면 아이가 감당하기 어려울 정도의 규칙인지 아니면 또래 집단과의 문제 때문인지 등을 구체적으로 파악한다. 이렇게 하기 위해서는 아이를 관찰하고 이야기 나누는 연습이 되어야 한다.

다음은 어린이집 만 4, 5세 유아 27명을 대상으로 유아교육기관에서 이루어지는 사회적 상호작용에서 유아가 거짓말을 어떻게 인식하고 있는가에 대한 연구이다. 연구자는 서론에서 다음과 같이 기술하고 있다. 거짓말의 종류는 사실상 다양하다. 일반적으로 그것이 사실인지 아닌지를 모른 상태에서 꾸며내고 위조하는 것(fabrication), 진실을 약간 포함한 거짓말, 진실을 말하겠노라고 선서한 상태에서 위증하는 것(perjury), 해를 끼치려는 목적보다 혜택을 주려고 하는 하얀 거짓말 등이 있다(Freitas-Magalhãs, 2013). Augustine(397/2016)은 거짓말을 종교적 가르침에 반(反)하는 것, 누군가에게 해가 되는 것, 한 사람에게 이익을 주지만 다른 사람에게 해가 되는 것, 거짓말하는 즐거움으로 진짜 하는 것, 다른 사람을 즐겁게 하는 것, 아무에게 해가 되지 않고 누군가에게 이익을 주는 것, 누군가를 보호하기 위한 것과 같이 7가지로 구분하고 있다. 거짓말에 대한 이러한 종류들을 살펴보면 거짓말은 인간관계를 바탕으로 하는 사회적인 측면을 내포하고 있음을 알 수 있다(김희태, 김선희, 2019).

참여관찰과 면담을 통해 이루어진 연구결과를 정리하면 첫째, 유아는 상대방이 약속을 지키지 않고 행동하거나 말을 하면 거짓말로 인식하였다.

<에피소드 1>

현수와 규민은 음률영역에서 컵을 쌓고 있고 우진은 서서 현수와 규민을 바라본다.

현수 : (우진을 바라보며) 무너뜨리면 안 돼. (우진은 현수의 말에 고개를 끄덕인다. 현수와 규민은 컵을 번갈아 가며 하나씩 높이 쌓는다. 그리고 곧 우진이가 발로 차서 컵을 무너뜨린다.)

현수 : 야! 이우진 (일어나서 B교사에게 다가가) 선생님 우진이가 거짓말했어요.

B교사 : 뭐라고?

현수 : 우진이가 안 무너뜨리기로 해놓고 무너뜨렸어요. 거짓말했어요.

(2017. 6. 28. 참여관찰)

둘째, 유아는 자신이 확실히 알고 있는 정보를 가르쳤으나 그것을 배운 상대 유아가 그 정보에 대해 잘못 말하면 상대 유아가 거짓말을 한다고 인식한다. 유아는 자신이 알고 있는 정보와 다르면 자신은 그렇게 알려준 적이 없다고 생각하기 때문이다.

<에피소드 2>

주성과 민호가 미술영역에서 이면지를 잘라서 종이접기를 한다. 현수가 등원 후 정리를 끝내고 미술영역에 다가와 이름표를 붙인다.

현수 : 야! 뭐 만들어.

민호 : 새.

현수 : 어.. 그거 새 아닌데.. 이거 넣어서 이렇게 접어야 새지.

민호 : 아닌데, 이거 새 맞는데....

현수 : 니가 지난번에 이렇게 접는 게 새라고 했잖아.

민호 : 내가 언제... 왜 거짓말 하는데?

현수 : 아닌데.. 니가 이렇게 접어서 하는 게 새라고 했는데...

민호 : 아니다. (접은 색종이를 보여주며) 이게 새다.

(2017. 7. 6. 참여관찰)

유아는 자신들의 의도와 관계없이 잘못된 결과를 낳도록 말한 사람을 거짓말한다고 인식하였다. 이것은 유아가 처한 상황이 좋으면 거짓말이 되지 않으나 처한 상황이 나쁘면 그렇게 이끈 사람은 거짓말을 한 것으로 인식하게 된다. 이는 유아가 결과에만 근거해서 거짓말을 인식하는 것으로, 잘못된 결과가 나오게 되는 과정이나 의도는 이해하지 못하고 결과에만 근거한 판단을 하고 있다. 특히 결과가 나쁘다면 결과적으로 그런 행동을 하게 만든 상대방이 거짓말을 했다고 변명을 하게 된다. 에피소드 3은 유아의 행동이 교사에 의해 잘못된 것으로 판단되면 그렇게 행동하게 만든 친구의 의도는 무시되고 교사에게 야단맞는 결과에만 근거하여 상대가 거짓말한다고 인식하는 것을 보여준다. 에피소드 3을 보자.

<에피소드 3>

B교사, 여진, 현수가 교실 입구에 줄을 서서 기다린다. B교사가 말없이 화장실로 간다.

현수 : (여진에게) 해맑은 반에 가 있는 거야?

여진 : 몰라, 선생님 없다.

현수 : 우리 선생님 없으면 해맑은 반 선생님하고 가는 거잖아.

여진은 현수의 말에 고개를 끄덕이며 해맑은 반으로 간다. 현수도 여진을 따라 해맑은 반으로 간다. B교사가 화장실을 다녀와 현수와 여진이가 교실 입구에 없는 것을 보고 찾으러 누리반에 갔다가 해맑은 반으로 간다.

B교사 : (해맑은 반에 있는 현수와 여진을 바라보며 큰 소리로) 현수야, 여진아. 집에 가야 하는데 왜 해맑은 반에 있어요? 누가 해맑은 반에 가라고 했어요? 누리반에서 줄 서서 기다리고 있어야지요.

현수 : 선생님, 여진이가 거짓말했어요. 여진이가 해맑은 반에 가자고 했어요.

(2017. 8. 17. 참여관찰)(김희태, 김선희, 2019)

07 자기만 아는 욕심쟁이 아이

▸▸ 일화

아이는 가지고 놀던 장난감에 싫증이 났다며 다른 아이가 가지고 노는 장난감을 빼앗고도 천연덕스럽다. 벌써 아이 앞에 가져다 놓은 장난감이 산처럼 많다. 하지만 다른 아이들이 장난감을 만지면 버럭 화를 내며 손도 못대게 한다. 이런 아동은 자신만의 욕구를 충족시키거나 자기 권리만을 주장하고 또는 오직 자신을 위해 이를 관철시키려 한다거나 인정받고자 하여 다른 사람에게 피해가 되는 이기적인 아동이다.

▸▸ 문/제/행/동/지/도

자기만 아는 아동들은 이기적인 행동으로 인해 친구 사귀기가 어렵고 또래들과 원활한 상호작용을 할 수 없어 문제가 되며 이후 학령기까지 영향을 미쳐 따돌림 같은 여러 가지 다른 문제를 야기시킨다.

자기만 아는 아동들은 나이에 맞게 성숙하지 못했거나 부모가 지나치게 모든 것을 다 받아주고 들어주는 응석받이로 키웠거나 형제간에는 갖고 있는 것을 서로 나누고 때로는 자기 주장이나 욕구도 양보해야 하는데 이런 형제 관계를 경험하지 못하는 외동이나 막내에게 많이 나타난다. 부모의 지위로 인해 특별 대우를 받는 아동이거나 부모에게서 소외되거나 양육이나 보살핌이 불충분한 경우에도 흔히 나타난다.

다른 경우에 아동은 물건을 독점함으로써 대상(代償)적인 만족을 얻으려는 본격적인 욕심꾸러기가 있다. 심한 경우에는 저장증후군으로 나타나기도 한다. 예를 들어 친구가 없거나 부모가 맞벌이를 하거나 집에서 소외당하고 있기 때문에 항상 고독하고 재미가 없다든지 하는 아동이 욕심꾸러기가 되기 쉽다. 이런 아동들은 마음의 빈곤을 물질을 얻는 것으로 만족하려고 한다. 그렇기 때문에 물건을 꼭 붙들고 절대로 내놓으려고 하지 않는다.

물건을 나누어 갖는 경험을 갖게 하고 일단 가지고 싶은 것이 있어도 참는 훈련을 하도록 한다. 소유 개념을 명확히 해서 자신의 물건에는 전부 이름을 써서 자기 물건 놓는 곳에 두도록 한다. 대상적 행동으로서의 욕심꾸러기는 일단 가지고 싶어 하는 것을 제어하거나 제한하는 것은 의미가 없다. 일단 가지고 싶어 하는 것은 가지게 하고 마음의 공허를 채울 수 있도록 해준다.

또한 친구들과의 원활한 관계 형성의 어려움 때문에 나타나는 욕구불만일 수 있으므로 적절한 친구사귀기 기술을 익히기 위한 상담을 받아 보는 것도 좋다.

08 혼자서는 아무것도 못하는 아이

▸▸ 일화

아이는 6살인데 아직 혼자 신발을 신지 못한다. 할머니가 언제나 모든 것을 다해주셨기 때문이다.

▸▸ 문/제/행/동/지/도

의존적인 아이다. 혼자서는 아무것도 할 수 없다. 언제나 누군가의 지배를 받는 아이다. 누군가 명령하고 지도하고 도와주어야 움직이는 아이다. 이런 아이는 혼자서는 세상을 살아갈 수 없다. 이런 아이는 어른이 되어서도 책임감이 없고 아무것도 자기 힘으로 할 수 없는 사람이 된다. 극단적으로는 부모 중에 불안증이 심해 아이를 자신의 관찰 범위 아래에 두는 경우도 있다. 아이가 자신이 보이는 범위 안에서 놀고 활동하게 해야 마음이 놓이기 때문이다. 이럴 경우 아이에게도 불안함이 전해지고 무기력해져서 "엄마가 해줘, 엄마가 먼저……." 이런 말이 입에 붙어 다니게 되고 아이에게 맡기면 불안하니까 부모가 다해줘서 아동이 스스로 생각하고 실천할 수 있는 기회마저도 주지 않아서 생긴 경우도 있다.

첫째, 도와주지 말고 자기 힘으로 하게 한다. 아이가 생각하고 아이가 행동하게 한다. 자신의 책상이나 옷, 장난감은 스스로 정리하거나 청소하게 한다. 식사 후 자신의 식기는 싱크대에 가져다 놓도록 하는 것도 도움이 된다. 또한 스스로 옷을 입고 벗으며, 혼자 힘으로 잠에서 깨어 일어나게 하고, 얼굴과 손도 자신이 닦게 한다.

둘째, 책임을 지운다. 유아기 후반부터는 용돈을 주도록 해서 자유롭게 사용하게 하고 관리도 하며 책임을 지게 한다. 생활 속 경제공부의 시작은 이때부터 본격적으로 시작되는 것이다. 또한 가사 도우미에게 동생의 이유식을 전해주는 일이나 엄마의 전달 사항을 전해주는 역할 책임을 지워주는 것도 좋은 예가 되겠다.

하루의 생활 계획을 세우게 하고 스스로 지키게 한다. 아침기상부터 몇 시부터 몇 시까지 무엇을 한다는 식의 계획을 미리 세우도록 하고 반드시 지키게 해야 한다. 물론 아이의 발달 수준에 맞춘 계획이어야 한다. 반드시 아동이 생활계획표를 짜도록 해야 한다.

엄마의 지나친 과잉보호나 불안이 문제라면 아동의 문제 이전에 엄마부터 상담이나 부모교육이 이루어져야 한다. 과잉보호는 아예 아무것도 교육시키지 않는 것보다 더 나쁜 양육태도이다. 불안의 원인을 찾도록 도와준다. 남편이나 주변인들에 대한 스트레스가 쌓여 그것이 아이에게 지나치게 집착하는 형태로 나타나든지 아이가 자신의 전부인 것처럼 여기는 자존감의 결핍인지 살펴보아야 한다.

09 너무 소극적인 아이

▶▶ 일화

아이가 놀이치료실에 들어 왔다. 눈앞에 펼쳐진 그 많은 놀잇감들에 신나보였지만 선뜻 다가가서 만져보지 못한다. 그리곤 이렇게 말한다. "이거 우리 집에도 있는데…." 다른 장난감 앞에서도 선뜻 만져보지 못하고 "이거 우리 집에 있는데…"만 연발한다.

▶▶ 문/제/행/동/지/도

소극적인 아동은 의욕이 없고 흥미도 없으며 경쟁심도 없는 아이이다. 이런 아동들은 자기 행동에 자신을 갖지 못하기 때문에 자기 능력을 충분히 발휘하지 못하는 경우가 많다. 소극적이고 자신감도 없기 때문에 주도적이지 못하고 자주성도 없고 자립성, 주체성도 없다. 이런 아이는 어른이 되어도 무슨 일을 하든지 현상유지만 할 줄 알고 용기를 가지고 고난에 맞서거나 미지의 세계에 호기심을 갖고 모험할 줄도 모른다. 주저주저하면서 생각을 행동으로 옮기는 데도 오래 걸린다. 우울해 보이고 내성적인 아이로 보일 수 있다.

이런 아동들은 너무 지나치게 아이들을 위해주는 가정에서 자라거나 반대로 너무 엄격한 가정에서 자라서 위축된 아이인 경우일 수 있다. 엄격한 가정에서 자라는 아동은 스스로 행동하고 자주적으로 결정하지 못하고 부모는 명령하고 어떤 경우엔 부모가 다 해버려서 아동은 시도해 볼 기회를 가지지 못하는 경우가 많다. 그 결과로 아동은 사고력이 약화되고 자주적인 사고 습관이 형성되지 못한다.

- 일단 꾸짖기보다는 반성하게 해야 한다. 그리고 사소한 실수는 그냥 넘어가는 것도 좋다.
- 집 안에만 가두어 두지 말고 친구들과 열심히 밖에서 놀게 한다.

• 칭찬을 해서 자신감을 길러 준다.

• 자신의 일은 자신이 하도록 하게 함과 동시에 자기 머리로 생각하게 한다.

또한 이런 아동은 어린 시절부터 주위 사람들과 투쟁하며 자라는 경우이거나 자기 표현을 인정받지 못한 경우일 수 있다. 아니면 정말 능력이 좀 부족한 아이이거나 불행하고 비참한 경험을 한 경우일 수 있다.

첫째, 투쟁하며 살아온 아동은 형이나 동생과 같은 주위 사람들과 격렬하게 대립하며 싸우지 않으면 안 되는 상태에서 자라거나 다른 사람에게서(예를 들어 남자아이만 예뻐하는 친할머니, 친구들로부터의 따돌림 같은) 상처를 받고 고통을 받는 등 슬픈 경험을 많이 겪은 아이였을 수도 있다.

둘째, 자기 표현을 인정받지 못한 경우는 주위 사람들이 아동의 의욕적이고 개성적이며 창의적이지만 다소 독창적인 자기 표현을 인정하지 않았기 때문에 자기를 인정받지 못하는 아이, 그리고 아이의 평상시 행동이나 말, 노래, 놀이 등에 대해 충분한 칭찬이 부족한 경우, 자기 표현에 자신감을 잃었고 주위에서 고립되고 주목받지 못하며 어떤 경우에는 나쁜 아이로 인식되기도 한다. 사실 이 세상에는 불행한 아이는 있어도 나쁜 아이는 없다.

셋째, 정말 능력이 좀 부족한 아이가 있다. 다른 아이들보다 인지적으로든 신체적으로든 허약하거나 뒤떨어지는 경우이다. 설사 객관적으로 열등한 부분이 있다 하더라도 장점을 발견하고 인정해 줄 수 있도록 노력해야 한다.

넷째, 불행하고 비참한 경험을 한 아동의 경우이다. 슬픈 일을 많이 겪은 아이이다. 부모를 잃었거나 부모의 불화나 이혼, 부모의 오랜 질병이나 장애, 자신의 중한 질병, 혹은 아동 학대 등의 경험은 세상을 신뢰할 수 없게 만들고 인간에 대한 불신을 가지게 한다. 특히 부모의 불화, 이혼이나 아동학대는 아이에게 심한 충격을 준다.

일단 이 네 가지 원인들을 살펴서 원인들을 제거하도록 한다. 형제간의 대립이라면 그것을 없애도록 하고 부모가 공평한 사랑을 주도록 하고 꾸지람보다는 칭찬을 많이 하도록 한다. 장점을 인정해 주도록 한다. 주위의 기대에 부응하느라 바쁘고 말 잘 듣고 착한 아이는 소극적이기 쉽고 이보다는 인정받는 아이로 키우는 것이 매사 자신감 있고 적극적이기 쉬워 안정된 정서를 만들어 가게 한다(히라이 노부요시, 2004). 또래 친구들과 대화를 자주 하고 자주 접촉하게 한다. 능력이 부족할 경우에는 다른 방면의 소질을 인정해 주고 발전시켜주도록 한다. 가족 전체가 명랑하고 밝은 가정이 되도록 힘쓴다. 그리고 화나 스트레스를 쌓아두지 않게 감정을 발산할 수 있도록 가족 분위기를 조성해 준다. 슬픈 일에는 크게 소리 내어 울 수 있도록 해주고 부모에게 싸우지 말라고 소리 내 말할 수 있도록 말이다. 작은 일에도 인정을 받으면 아이는 한층 개방적이 된다.

학대의 경험이 있는 아이는 전문가의 도움을 반드시 요청하고 아이 앞에서 가해자가 처벌받는 모습을 보여주어서 피해자가 도리어 영원히 숨어 지내고 상처를 감추며 지내는 일이 없도록 해야 한다.

10 게임 많이 하는 아이

▸▸ 일화

아이에게 전화를 했다. 도우미 아줌마가 받았다. 아이는 아직도 TV로 오락 중이란다. 눈도 나빠질 테고 집중력도 떨어진다는 데 걱정이 태산이다. 오랜만에 외식을 왔다. 아이는 핸드폰을 달라며 떼를 부린다.

▸▸ 문/제/행/동/지/도

아직 유아이므로 초등학생들이나 그 이상의 아이들처럼 컴퓨터 게임을 하기는 어려울 것이다. 컴퓨터를 사용할 줄 알아야 하기 때문이다. 유아기는 발달적 특성상 꿈이나 상상을 현실과 자주 혼동한다. 그래서 게임상의 내용을 현실 속에서 거르는 작업이 어렵고 그 중에서 자극적인 것들은 현실에 그대로 투영되어 행동으로 옮기는 경우도 많다.

연령별로 볼 때 초등학교 6학년이 가장 게임시간이 긴 것으로 나타났다. 요즘은 연령이 더욱 어려지고 있다. 그러므로 연령이 상대적으로 어린 유아의 경우에는 컴퓨터 게임중독은 아직 섣부른 판단이며 이때는 스마트폰 게임이나 TV시청 중독 같은 것들이 더 많을 것이다.

일단 예방적 차원에서 유아에 대한 게임중독을 생각해 보기로 하자.

게임중독과 관련된 인성 특성은 공격성과 충동성, 그리고 대인불안 등이 있다. 동생의 출생으로 인한 공격성의 내재화가 게임중독이라는 형태로 나타날 수 있고 충동조절이 어려워 나타나는 경우이다. 충동적인 사람은 반항적이고 화를 잘 내고 타인에 대한 우호성과 책임감이 적고 자기 통제력도 부족하며 이후 청소년기 혹은 성인기의 비행과 관련이 있다.

대인 불안은 보통 친구 관계에서의 문제로 야기되는 경우가 가장 높았다. 이들 아동은 공상, 수줍음, 열등감과 같은 도피적 행동들을 나타낸다.

다음은 이형초와 안영일(2002)의 논문에서 발췌한 인터넷 게임중독에 대한 인지행동적 치료 프로그램이다. 하루에 사용하는 시간을 관찰하고 목표를 설정한다. 일단 게임에만 빠져들지 않도록 자신감을 증진시킨다. 게임이용을 줄이기 위해 부정적인 사고를 긍정적으로 전환하고 미래 꿈을 확인하고 달성하도록 돕는 계획을 수립한다. 이런 과정을 통해 게임 이용 시간을 조절하고자 하는 동기를 증진하여 게임 조절 행동에 대한 자신감을 갖도록 한다.

다음으로는 대안 행동을 찾기 및 날 자랑하기이다. 자시의 장점을 인식하고 지금까지 즐겁게 경험했던 활동을 찾아본다. 이런 과정을 통해 게임 이외에 대체 행동을 찾아 게임 대신 시간을 보낼 수 있는 활동을 증가시켜 게임 이용을 간접적으로 감소시키는 효과를 갖도록 한다.

게임 조절에 대한 성공 및 방해 요인을 확인한다. 또한 시간계획표를 다시 작성하여 게임 이용 시간을 줄이고 게임 조절에 따른 심리적 문제에 대처할 수 있는 힘을 상승시킨다.

일주일마다 일주일 동안 이루어진 게임 시간을 줄이기 위한 노력들에 대한 고민을 함께 나눈다. 그리고 앞으로 예상되는 남아있는 문제들을 확인하고 이에 대처할 수 있는 힘을 상승시킨다. 아울러 폭력적인 게임(예: 전쟁 시뮬레이션)이나 캐릭터를 이용하는 게임 또는 온라인 머니가 사용되는 게임은 중독성이 강하다. 덜 폭력적이고 한 판에 게임이 끝나는 방식의 게임으로 종류를 바꾸도록 한다. 이미 게임을 즐기는 자녀에게 무조건 게임을 금하는 것은 반항심만 일으킬 수 있다. 게임 다이어리를 사용하여 행동 패턴 파악하면 도움이 될 수도 있다. 하지만 게임 중독이 심하거나, 주변의 도움으로 해결하지 못하는 경우, 전문가에게 상담치료를 받는 것이 중요하다. 게임 중독은 다른 중독에 비해 예후가 좋은 편이므로, 문제가 더 심각해지기 전에 전문가와 의논해 보는 것이 좋다(네이버 지식백과, 게임 중독 [game addict]; 심리학용어사전, 2014. 4., 한국심리학회).

이외에 컴퓨터 사용 시간을 조정하여 일정 시간이 지나면 자동으로 컴퓨터 전원을 차단하는 서비스를 제공하는 회사에 가입하여 통제하는 것도 하나의 방법이다. 하지만 무엇보다 중요한 것은 유아 스스로 충동을 조절을 하도록 유도하는 것이 장기적으로는 가장 좋은 대안이 될 것이다.

다음은 컴퓨터 게임중독 증세 열다섯 가지이다.

① 꼭 해야 할 일이 없으면 거의 모든 시간을 게임하는 데 보낸다.
② 게임을 하고 있지 않는데도 게임하는 느낌이 들 때가 있다.
③ 게임을 한 이후로 해야 할 일이나 물건을 잃어버리는 등 건망증이 늘었다.
④ 반드시 해야 할 일이 있어도 게임을 그만둘 수 없다.
⑤ 게임 때문에 시험(일)을 망친 적이 있다.
⑥ 내가 할 수 없는 일을 게임을 통해서 할 수 있다고 느낀다.
⑦ 게임을 하지 않는 날이 거의 없다.
⑧ 컴퓨터를 켠 후에 가장 먼저 게임을 시작한다.
⑨ 게임을 하지 못할 때면 짜증이 나거나 화가 난다.
⑩ 게임을 하는 것 때문에 가족들과 다툰 적이 있다.
⑪ 게임 때문에 밤을 새운 적이 많다.
⑫ 게임하는 중에 주인공이 다치거나 죽으면 마치 내가 그런 것 같은 느낌이 든다.
⑬ 게임을 하다가 고함을 치는 경우가 많다.
⑭ 내가 현실생활보다는 게임에서 더 유능하다는 느낌이 든다.
⑮ 게임 시간을 줄이려고 노력하는 데도 번번이 실패한다.

일단 중독 현상은 금단 현상과 내성, 갈망 증상을 보이게 된다.

표 3-1 만 9세 이하 스마트폰 과의존 유아동 관찰자 척도

조절실패 (역채점)	1	스마트폰 이용에 대한 부모의 지도를 잘 따른다.
		○ 전혀 그렇지 않다 ○ 그렇지 않다 ○ 그렇다 ○ 매우 그렇다
	2	정해진 이용 시간에 맞춰 스마트폰 이용을 잘 마무리한다.
		○ 전혀 그렇지 않다 ○ 그렇지 않다 ○ 그렇다 ○ 매우 그렇다
	3	이용 중인 스마트폰을 빼앗지 않아도 스스로 그만둔다.
		○ 전혀 그렇지 않다 ○ 그렇지 않다 ○ 그렇다 ○ 매우 그렇다
현저성	4	항상 스마트폰을 가지고 놀고 싶어 한다.
		○ 전혀 그렇지 않다 ○ 그렇지 않다 ○ 그렇다 ○ 매우 그렇다
	5	다른 어떤 것보다 스마트폰을 갖고 노는 것을 좋아한다.
		○ 전혀 그렇지 않다 ○ 그렇지 않다 ○ 그렇다 ○ 매우 그렇다
	6	하루에도 수시로 스마트폰을 이용하려 한다.
		○ 전혀 그렇지 않다 ○ 그렇지 않다 ○ 그렇다 ○ 매우 그렇다
문제적 결과	7	스마트폰 이용 때문에 아이와 자주 싸운다.
		○ 전혀 그렇지 않다 ○ 그렇지 않다 ○ 그렇다 ○ 매우 그렇다
	8	스마트폰을 하느라 다른 놀이나 학습에 지장이 있다.
		○ 전혀 그렇지 않다 ○ 그렇지 않다 ○ 그렇다 ○ 매우 그렇다
	9	스마트폰 이용으로 인해 시력이나 자세가 안 좋아진다.
		○ 전혀 그렇지 않다 ○ 그렇지 않다 ○ 그렇다 ○ 매우 그렇다

*보기 :1점 - 전혀 그렇지 않다 / 2점 - 그렇지 않다 / 3점 - 그렇다 / 4점 - 매우 그렇다

위 척도는 1번부터 3번까지는 역채점을 한 후 9번 문항까지의 총합을 구한 후 그 총합이 28점 이상이면 고위험군, 24점에서 27점 사이는 잠재적 위험군으로 해석하면 된다(스마트쉼센터, 2022, https://www.iapc.or.kr/kor/index.do).

식당이나 공공 장소에서 유아에게 스마트폰을 보여주는 경우를 자주 보게 된다. 이는 유아에게 조금씩 스마트폰이란 독에 중독시키는 것과 같다. 좀 편하게 식사를 하고 싶어서 하도 울어서 아이를 달래기 위한 방법으로 혹은 아이가 스마트폰을 보여 달라고 떼를 부려서 라고 여러 이유들을 대겠지만 상당히 잘못된 양육방법이다. 놀이는 사람과 상호작용하면서 노는 아날로그식 놀이가 가장 좋다.

11 외동이라서 자기만 아는 아이

▸▸ 일화

우리 아이는 10년 공들여 인공수정으로 낳은 유일한 아들이다. 유치원에서 집단 생활을 하던 아이가 마구 울면서 울음을 그치지 않는다며 유치원 교사에게서 전화가 온다. 엄마는 정신없이 유치원으로 달려가서 아이를 살펴보지만 별다른 외상은 없다. 아이처럼 엄마는 흥분해서 교사에게 어떻게 된 일이냐고 따져 묻고 아이의 진술대로라면 유희 시간에 다른 친구가 자신에게 침을 자꾸 뱉어서 울었다고 한다. 교사의 보고는 이와는 달리 단순히 마주 보고 하는 유희 시간이라 아이들끼리 대화 중에 어쩌다 침이 튀기도 하는데 그걸 친구가 나쁜 의도를 가지고 자신을 괴롭히기 위해 침을 뱉는 것이라고 아이가 우겨댔다는 것이다.

▸▸ 문/제/행/동/지/도

대개 외동은 엄마의 지배가 지나치게 강하다. 엄마는 과잉보호를 하기 쉽고 이로 인해 아동은 의존적이며 책임감이 없고 자기중심적이며 사회성이 결핍되게 된다. 혼자 자유롭게 활동할 기회가 많지 않고 대부분의 일이나 활동에서 엄마의 지시를 받아왔기 때문에 무슨 일이나 엄마나 혹은 엄마와 비슷한 사람 유치원 교사 같은 사람들에게 물어본다. 스스로 의사결정을 하기가 어렵다. 결단성도 없고 자기 의사를 분명하게 말할 줄도 모르고 말에 연관을 지을 줄도 모른다.

대개 부모는 아동의 종처럼 모든 수발을 다 들어주거나 아동의 건강이나 안전에 대한 지나친 염려를 하며 다른 사람들에게서 듣는 아동에 대한 부정적인 평가는 아무리 좋은 조언일지라도 적대적으로 반응하며 다른 사람도 자신의 아동을 황태자처럼 대우해 주길 바라는 마음이 커 유치원이나 어린이집 같은 집단생활 시에 사소한 다툼이나 그로 인한 아동의 작은 상처도 과장되게 받아들인다.

부모는 너무 귀여워만 하지 말고 고집대로 하는 마음을 스스로 반성하게 해야 한다. 자기 고집대로만 하는 유아는 그만큼 미숙한 사고력을 가지며 주위 사람의 입장과 생각을 알지 못한다. 가족을 무시하거나 특히 자신 앞에서 쩔쩔매는 듯하다. 부모를 함부로 하며 무시하는 경우가 많다. 남을 힘들게 하거나 방해하는 것은 나쁘다는 것을 알게 하는 것이 사고력 발달에 오히려 도움이 되는 것이다.

여러 사람들을 위해 일하게 한다. 예를 들어 집안일을 돕게 한다. 식탁을 차릴 때 수저 놓기나 그릇 가져다 놓기 등, 이때 해주는 칭찬과 인정을 통해 더욱더 남을 돕거나 협조하는 생각을 갖게 한다. 친구를 만들고 친구의 입장을 이해시킨다. 자기밖에 모르는 외동은 친구들이 없는 경우가 많다. 집에서 부모만을 상대하는 경우가 많다. 부모는 자기 마음대로 하게 해주지만 친구들과 놀 경우에는 그럴 수가 없다. 규칙을 지켜야 하며 게임의 순서를 지키기 위해 기다릴 줄도 알아야 한다. 또한 다른 친구와의 다툼을 통해 자신이 힘든 경험도 하게 되고 자기가 때리면 자신도 맞게 되는 등 이런 경험들을 통해 다른 사람의 요구를 이해하고 다른 사람의 요구를 만족시켜주어야 자신이 행복해진다는 것도 알게 된다.

아동의 공감능력을 길러 주기 위해서 반려동물을 기르는 것이 좋다. 동물의 식사나 배설물 치우기는 아동과 함께하거나 아동에게 하도록 해서 자신이 양육의 경험을 간접적으로 함으로써 책임감도 배우고 주도적인 품성을 갖추도록 하는 데 도움이 된다. 그렇지 못할 형편이면 애정의 대상으로써 인형이나 동물인형 등을 준다.

12 부모의 이혼으로 상처받은 아이

▶▶ 일화

아이가 4살 되던 해에 부모는 이혼을 했고 아이는 친권을 가진 아버지에게 양육되어졌다. 하지만 몇 달이 지난 후 아이를 보려고 아버지에게 연락을 한 엄마는 깜짝 놀랄 소식을 들었다. 아이가 고아원에 있다는 것이다. 아이를 찾아간 고아원에서 아이를 데려오는 데 법적인 절차 때문에 다시 6개월 이상이 흘렀고 아이는 꼼짝없이 보육원에서 1년 이상을 더 보낸 이후에 엄마와 함께 살게 되었다. 아이는 식탐이 많아서 하루에 5~6번의 식사와 3~4번의 간식을 요구했고 혹시라도 집에 아이를 동반한 손님이 와도 자신의 물건이나 장난감을 절대로 만지지도 못하게 하며 사납게 굴었다.

일단 아이는 상실감을 느낀다. 그래서 식사량이 늘고, 즉 스트레스를 먹는 것으로 해소하는 것이다. 또한 유아기에 부모의 이혼은 아이에게 동일한 성의 부재로 인한 성역할 동일시를 할 수 없게 하므로 이후 성인이 되어서까지 결혼관이나 이성 관계에 대해 부적절한 상을 가져가게 된다. 가족 이야기가 나오면 상당히 위축되며 반대로 오히려 공격성이 내재화되어 다른 일에 급작스러운 분노가 폭발하는 식으로 나타나기도 한다.

▶▶ 문/제/행/동/지/도

이혼을 한다는 것은 수술로 다리를 절단하는 것처럼 영혼의 기초가 흔들리는 경험을 하게 한다. 아이를 엄마와 아빠의 서로에 대한 보복의 무기로 삼으려 해서는 안 된다. 아이를 자신의 편으로 끌어들이기 위해서 아이를 유혹하고 아이는 부모 중 어느 한부모을 선택해야 하는 기로에 서게 되고 결국은 반대편 부모를 비난하게 만든다. 또한 경제적 혹은 교육적인 문제, 그리고 전반적인 양육을 전담하는 것에 대해 어느 한편을 선택하도록 아이에게 강요하면 아이를 더욱 비참하게 만드는 결과가 된다. 그러므로 이혼한 부부가 자녀에게 할 수 있는 최선의 방법은 남편과 아내는 아니지만 부모로서의 역할은 충실히 계속하는 것이다. 아무리 잘하려고 해도 이혼이라는 상황에 언제나 준비되어 있는 부모는 없을 것이다. 개인의 능력이나 심성 혹은 이혼 후 상황에 대한 심도 있는 생각을 거친 후의 결정이라도 반드시 전문가의 상담이 필요한 경우가 이혼한 부모 그리고 자녀들이다. 아이에게는 절망감을 안겨주고 어떤 교육이나 준비도 되지 않은 상황에서 벌어진 일이므로 아이가 적응할 수 있는 충분한 시간이 필요하다.

13 부모의 재혼을 받아들여야 하는 아이

▸▸ 일화

학교 앞 문구점에서 전화가 왔다. 우리 아이가 거기에 있으니 데려가라는 것이다. 헐레벌떡 뛰어갔더니 격앙된 문구점 주인이 우리 아이가 펜을 훔치다 들켰다는 것이다. 벌써 몇 번째인지 모른다. 부모가 이혼 후 4년 동안 아빠와 할아버지랑 셋이서만 살아온 아이는 내가 재혼 후 엄마 없는 그 공백의 시간을 채우려 노력해도 언제나 이런 식의 문제를 야기시킨다.

▸▸ 문/제/행/동/지/도

이 경우에는 부모가 재혼하게 되는 상황에 따라 다를 것이다. 부모 중 한쪽 부모가 사별로 인한 재혼인지 이혼으로 인한 재혼인지에 따라서 말이다. 의붓부모가 된 것이 언제인가도 영향을 미친다. 부모와 자식의 심적 관계, 즉 친자 관계는 아이와의 접촉 정도에 따라 그 밀도에 차이가 있기 때문이다.

재혼 후 새로운 부모가 된 사람들의 대부분이 처음에는 매우 노력을 해보지만 노력해도 아이가 다가오지 않는다. 이것은 접촉의 시간과 횟수가 아직 부족하기 때문이다. 초조하게 여기는 것은 절대 금물이다. 초조하면 쉽게 좌절하게 된다.

부모의 재혼으로 아동이 겪게 되는 어려움을 먼저 이해할 필요가 있다. 김영수과 이재연(1994)은 『아동을 위한 상담 이론과 방법』이라는 책에서 아동이 겪게 되는 어려움을 다음과 같이 언급하고 있다.

첫째, 아직 부모의 이혼이나 사별로부터의 충격 상태가 채 가시지 않은 상태일 수 있으므로 새로운 가족 구성은 아동에게 추가적인 문제를 일으킨다. 둘째, 아동은 일반적으로 증오심과 노여움의 반응을 보인다. 셋째, 아동의 증오심은 친부모에게 가장 많이 느끼지만 실제로 표현하는 대상은 의붓부모이다. 이혼한 가정의 아동인 경우 한 부모로부터 거절당하고 이혼에 대해 비현실적인 죄책감을 느끼는 아동은 그들의 노여움과 증오감을 새로 들어온 부모에게 표현한다. 넷째, 의붓형제가 있는 경우에는 의붓형제 간의 라이벌 의식이 정상적인 형제간의 라이벌 의식이 팽배한데 의붓형제 간에는 그 정도가 심해짐은 당연하다. 이는 시간과 노력이 필요하다. 전문가와의 상담을 통해 아동들에게 더불어 사는 미덕과 사랑을 이해시키도록 노력해야 한다.

14 좋은 칭찬 vs 나쁜 칭찬받는 아이

▸▸ 일화

아이 둘을 데리고 드라이브 중이다. 막 터널을 지나가는 데 백미러로 뒷좌석의 큰 아이를 보니 얌전히 창밖만을 보고 있다. 그래서 "오늘 우리 큰 딸 너무 착하다"하고 칭찬을 했다. 그러나 잠시 후 아이는 투덜대고 창문을 내렸다 올렸다 하면서 소란을 부린다. 황당하고 배신감마저 들었다. 집에 돌아온 후 아이에게 이유를 물어보니 사실은 엄마가 그 소리를 하기 전에 엄마와 아빠가 동생을 앞좌석에 안고 있는 것에 화가 나서 터널을 나오면 마술처럼 동생만 어디론가 사라져 버렸으면 좋겠다는 생각을 하고 있었는데 엄마가 착하다고 해서 당황스럽기도 하고 동생이나 엄마에게 미안한 생각이 들어서 소란을 피웠다는 것이다.

▸▸ 문/제/행/동/지/도

왜 칭찬하는지 분명히 알게 한다. 미리 상을 약속하지 말아야 한다. 이것은 거래와 같다. 올바른 행동을 격려하기 위한 수단으로서의 칭찬인데 상을 위해서 칭찬을 기대해서 행동하게 된다. 그러면 칭찬이나 상이 없으면 다시 올바르지 않은 행동을 하게 될 것이다.

칭찬을 많이 하는 것이 좋지만 칭찬만 한다고 좋은 것은 아니다. 아동의 성격이 교만해지고 자주성이 없는 사람이 될 수 있다. 상은 좋은 일의 대가가 아니라 앞으로 더 좋은 행동 더 나은 사람이 되게 하기 위해서 주는 것이다. 그러므로 아동이 굉장히 큰일을 했다든지 할 때만 상으로서 인정해 주어야 한다.

보상을 위한 물품을 많이 사용해서는 안 된다. 돈, 먹을 것, 학용품 등을 칭찬하는 데 사용하기도 하는데 이것들은 아동을 기쁘게 하고 더욱 분발하도록 하는데 도움이 될 수도 있다. 그러나 물건을 너무 많이 주면 그 효력은 점차적으로 없어지고 보상만을 기대해서 행동하게 된다.

개인이 칭찬하는 것보다 가족이나 다른 사람이 예를 들면 유치원 교사나 방문 교사 같은 사람이 칭찬하는 것이 효과적이다.

아동의 장점을 찾아 인정해 주어야 한다.

아동을 칭찬하는 것이 아니라 아동의 행동을 칭찬해야 한다. 예를 들면 "자기 방 정리를 스스로 한 아동에게 넌 참 착하구나"하는 것보다는 "네가 이렇게 방을 깨끗이 정리해 주어서 고맙구나. 새 방이 된 것 같아." 이런 식으로 칭찬을 해야 한다.

- 도움이 되는 칭찬 – "차를 닦아주어서 고맙구나. 덕분에 새 차가 되었어."
- 도움이 되지 않는 칭찬 – "넌 천사야. 착한 아이구나."
- 도움이 되는 칭찬 – "네 편지는 나에게 큰 기쁨을 주었어."
- 도움이 되지 않는 칭찬 – "네가 쓴 편지를 보니까 넌 훌륭한 사람이더구나."
- 도움이 되는 칭찬 – "내가 돈을 더 주었다는 것을 말해줘서 고마워. 참 고마운 일이야."
- 도움이 되지 않는 칭찬 – "넌 매우 정직한 아이구나."
- 도움이 되는 칭찬 – "너의 그림은 우리 가족을 아주 잘 나타내는 것 같았어."
- 도움이 되지 않는 칭찬 – "네 나이에 비해 넌 훌륭한 화가야."

이들은 자신들을 평가하는 칭찬에 매우 거북스러워한다. 때때로 그것을 거부하며 고의로 나쁜 짓을 하기도 한다.

나의 동료 중에 어려서 부모에게 전혀 칭찬을 받지 못하고 성장한 사람이 있었다. 그분의 부모는 아이들 앞에서 칭찬하는 것은 버릇없는 아이들을 만들고 쓸데없는 자만심을 키워준다고 믿었다.

그러나 그분은 아이들에게는 반드시 보상이 필요하다고 믿고 있었다. 그래서 아들, 딸에게 칭찬을 많이 해주었다. 그건 일종의 보상심리 같은 것이기도 했다. 부모님으로부터 받지 못한 칭찬을 아이에게 해주는 거였다.

하지만 지나친 적이 많았다. 오히려 칭찬이 역효과를 가져오기도 했다. 가령 아들에게 "넌 참 훌륭하구나."라고 말하면 그 아이는 "내 친구가 나보다 더 똑똑해요." 그리고 딸에게 "넌 참 대단한 바이올리니스트다."라고 말하면 "엄마 칭찬 좀 그만하세요!"라고 말을 했다.

교사인 그분은 자신이 근무하던 학교에서도 비슷한 경험을 했다. 반 아이 중 말썽꾸러기가 있었는데, 하루는 늦게까지 남아 다 못한 공부를 끝낸 적이 있었다. 그때 그분은 아이가 대견스러워 아이의 등을 토박이며 "넌 참 좋은 아이야."라고 말을 해주었다. 일부러 칭찬을 해준 거였다. 그런데 그 아이는 엉뚱하게도 혀를 내밀며 넘어지는 시늉을 했다. 그때 이분은 너무 혼란스러웠고 아이의 행동을 이해할 수가 없었다.

그 아이는 평가하는 칭찬에 신경질적이 되었고 그 칭찬을 견딜 수가 없었던 것이다. 그래서 일부러 자기는 그렇게 좋은 아이가 아니라는 것을 보인 것이다.

도움이 되는 칭찬

〈집에서 서술적인 칭찬〉

[평가]

아이: 아빠, 오늘 학교에서 그린 거예요. 아주 근사하죠?

아빠: 아주 좋아. 넌 참 대단한 예술가야

아이: -- 음… 난 사실 예술가가 아니야. 난 얼굴을 잘 못 그려…….

[대신 묘사하세요.]

아빠: 야! 까만 하늘과 창백한 달 그리고 별이 빛나고 있구나.

아이: -- 난 밤을 그릴 줄 알아 --

[평가]

엄마: 선생님이 그러는데 넌 참 착하고 정직하다고 하더라.

아이: -- 항상은 아닌데…. 난 시험에서 커닝을 한 적도 있는데…….

[대신 묘사하세요.]

엄마: 선생님이 그러는데 네가 돈이 든 지갑을 주워서 교무실에 갖다 드렸다고 하더구나.

아이: -- 음… 난 정직한 사람이야--

[평가]

아이: 오늘 수학 시험에서 90점 맞았어요.

엄마: 와, 너 천재구나!

아이: -- 친구가 시험 공부를 도와주었는데… 내 친구는 천재구나… --

[대신 묘사하세요.]

엄마: 너 굉장히 기분이 좋겠구나. 음 그리고 공부도 열심히 했겠는데?

아이: -- 음… 난 정말로 열심히 했어--

〈학교에서 서술적인 칭찬〉

[평가]

학생: 전부 끝냈어요.

교사: 아주 훌륭한 학생이구나!

학생: -- 아닌데… 방금 친구를 책상 밑으로 찼는데… --

[대신 묘사하세요.]

교사: 끝낼 때까지 집중해서 했구나.

학생: -- 음… 난 참 열심히 하는 사람이야--

[평가]

학생: 어때요 이 그래프?

교사: 아주 아름다워.

학생: -- 정말 내 그래프를 좋아하나…?--

[대신 묘사하세요.]

교사: 점들을 전부 표시했고, 직선으로 연결도 잘 되어있고, 좌표축 값도 정확하게 적었구나.

아이: -- 난 좋은 그래프를 그릴 수 있어--

[평가]

학생: 어땠어요?

교사: 대단해! 넌 훌륭한 육상 선수야!

학생: -- 농담하시나? 많은 애들이 나보다 빨리 달리는데…….

[대신 묘사하세요.]

교사: 6분 안에 들어왔어. 너의 최고의 기록이야.

아이: -- 다음번에는 더 빨리 달릴 수 있어--

아이가 한 일을 묘사하는 것은 '넌 좋은 애야'라고 쉬운 말로 평가하는 것보다 훨씬 어렵다. 묘사하는 것 자체가 어렵지는 않지만 우리가 그렇게 해보지를 않아서 익숙하지 않기 때문에 어렵게 느껴질 수 있다. 하지만 아이가 한 일을 조심스럽게 바라본다면, 느낀 것을 말로 나타내기 시작한다면 곧 익숙해질 수 있을 것이다.

15 아이에게 도움이 되는 말 vs 아이에게 해가 되는 말

▸▸ 일화

아이는 약속한 취침시간을(밤 10시) 오늘도 넘기고 있다. 동생과 장난치는 소리에 엄마는 다시 방으로 들어가 "빨리 자야 내일 유치원에 가지. 안 그럼 늦어서 못 간다."라고 한마디한다. 그 후로도 몇 차례 똑같은 상황이 반복되고 여전히 아이들의 소란스러운 소리가 들리고 시계는 거의 자정이 넘어가고 있다. 급기야 엄마는 숨을 몰아쉬며 거칠게 방문을 열고 들어가 소리를 지른다. "이렇게 자꾸 엄마 말 안 들으면 나쁜 사람 불러 잡아가라고 한다. 누굴 닮아서 그렇게 말을 안 듣냐."

▸▸ 문/제/행/동/지/도

[14]에서 이야기된 것처럼 아이들의 좋은 습관을 증진시키기 위해 효과적인 칭찬을 하거나 부적절한 혹은 나쁜 행동을 수정하기 위해 야단치기가 여간 어려운 것이 아니다. 그러나 아무리 밖에서 일을 하고 돌아와서 다시 아이들에게 시달리는 일의 연속이라 피곤하고 지친 몸일지라도 절대 해서는 안 되는 말들이 있다. 아이들에게 치명적인 마음의 상처를 남기게 되는 말이다. 그리고 아이의 인생에 등대와 같은 말들도 있다.

아이에게 도움이 되는 말들은 인간은 기본적으로 인정의 요구를 가지고 있는데 특히 유아기에는 능력에 대한 인정 어떤 행동에 대한 인정이 칭찬보다 더 좋은 약이 된다. 자신감도 더 높아지고 가정 내에서의 소속감이 강하게 인식되면서 적극적이며 주도적인 리더십이 있는 아이로 성장할 수 있다.

- 아이에게 도움이 되는 말 – "아가는 울지 않는 걸 보니 영리하구나."
- 아이에게 해가 되는 말 – "얜 너무 조용하지 않냐? 어디가 모자란 건가?"

으름장이 통하지 않는 아이인 경우에는 "너 장난감 정리하지 않으면 엄마가 다 갖다 버릴 거야."하면 "좋아"하고 오히려 정리 정돈을 지도하고 싶은 엄마의 목적은 어디에서도 찾을 수 없게 되고, 아이에게 기싸움(power game)에서 지는 것처럼 보여 아이에게 어떤 영향도 미치지 못하게 되는 경우도 있다.

아이를 꾸짖을 때도 부드러운 어조로 "엄마는 네가 장난감을 가지고 논 다음에는 정리를 했으면 좋겠다고 생각해"라고 안아주는 것 같은 마음으로 꾸짖는 말을 하는 것이 아이에게 도움이 된다.

특히 꾸짖을 때 주의해야 할 점은 첫째, 엄마의 감정을 싣지 말아야 한다. 둘째, 비교하면서 꾸짖지 말아야 한다. 예를 들어 "넌 오늘 너무 말 안 듣네. 언니는 엄마 말을 잘 듣는데, 엄마는 언니만 예뻐해야겠다." 아니면 "TV에 나오는 예쁜 아기 한 명 데려와서 키워야겠다." 셋째, 다른 사람 앞에서 꾸짖지 말아야 한다. 아이의 자존심을 다치게 하는 일이다. 예를 들어 "자꾸 떼 부리면 저 아저씨가 이놈하고 혼낼 거야." 넷째, 과거에 잘못까지 끄집어내어 계속 꾸짖는 것이 아니라 잘못할 당시에 대해서만 꾸짖어야 한다. 예를 들어 "넌 지난주에도 그러더니 또 그러냐. 넌 왜 매일 그렇게 사고만 치냐." 다섯째, 아동도 하나의 인격체라는 것을 명심하고 아동의 인격 전체를 부인하는 언동은 삼가야 한다. 예를 들어 "너는 못쓰겠다. 엄마는 너에게 실망했다. 너 나중에 뭐가 되려고 그러냐? 네가 바보냐? 너 때문에 엄마가 못살겠다."라는 식의 말들이다. 여섯째, 가급적 유아기에는 사랑의 매를 핑계 삼아 체벌을 하는 것은 좋지 않다. 유아는 체벌을 받으면 자기 잘못을 회개하기보다는 폭력에 대한 공포와 반발만이 남게 되기 때문이다. 물론 유아뿐만 아니라 모든 아동에게 체벌은 가급적 선택하면 안 되는 훈계 방법이다. 예를 들어 "너 몇 대 맞을래? 손바닥 내밀어" 일곱째, 너무 세밀하게 꾸짖지 말아야 한다. 너무 세세한 부분까지 꾸짖으면 잔소리처럼 듣고 나중에는 면역이 생겨 아동은 무반응 상태에 놓이거나 정작 혼나야 될 사항이 무엇이었는지도 혼동하게 된다. 그러므로 꾸짖을 때는 혼나야 하는 사안에 대한 핵심만을 간단하고 명료한 말로 해주는 것이 좋다. 여덟째, 협박조 혹은 으름장을 놓으면서 꾸짖지 말아야 한다. 아동을 소심하게 만들고 불안하게 한다. 예를 들어 “너 자꾸 그렇게 엄마 말 안 들으면 엄마 도망가 버릴 거야. 너 혼자 살아. 말 안 들으면 깜깜한 밤중에 쫓아내 버린다. 혹은 말 안 듣는 아이들만 잡아가는 귀신 나온다.” 아홉째, 금지의 표현보다는 부드럽게 권유하는 표현을 쓴다. 사람들이 많은 장소에서 아이가 떼를 부려서 혼나야 하는 상황이라면 아이에게 화부터 내면 아이는 불쾌감부터 느낀다. 그러므로 금지의 표현보다는 “나중에 집에 가서 하자. 엄마랑 이렇게 해보면 어떨까?” 이런 식의 표현이 효과적이다. 그리고 떼를 부리기 쉬운 장소나 상황에서는 앞으로의 예절에 대해 미리 일러준다. 예를 들면, “차 안에서는 어떻게 행동하는 것이 좋을까? 네가 골라봐. 의자에 얌전히 앉아 있어야 할까? 아니면 의자 위로 올라가거나 돌아다녀야 될까?”, “백화점에 들어가면 항상 엄마 가까이에 있도록 하자. 엄마가 사야 할 것들을 이렇게 적어놓았는데 너도 사고 싶은 것이 있으면 지금 말해줄래. 네가 세 번 정도는 생각한 후에 이야기해 주었으면 해.”

16 집안일 돕는 아이

▸▸ 일화

실거지를 하고 있는데 5살짜리 딸이이기 이느새 행주를 물에 적셔 와서는 여기저기 청소한단다. 설거지가 끝나고 뒤를 돌아보니 부엌 전체가 물 자국이다. 행주에 물을 적시는 것까지는 괜찮았지만 물기가 최소한 있도록 물기를 짜내야 하는데 아이가 어리다 보니 그러질 못해서 물이 뚝뚝 떨어지는 행주를 가져다 여기저기 청소를 한 모양이다.

▸▸ 문/제/행/동/지/도

1939년부터 1944년까지 하버드를 졸업한 사람들과 소머빌에 사는 도시 빈민을 대상으로 각각 젊은 시절부터 죽을 때까지의 삶을 추적하여 대규모 조사를 벌였다. 베일런트 교수는 이 조사를 통해 유아기에 집안일을 돕는 경험이 성인기의 성공을 정확히 예측할 수 있는 잣대리는 결론을 내렸다. 어려서 집안일을 돕는 것은 성인기의 긍정적인 정신건강을 일찍 예측할 수 있는 잣대가 된다. 따라서 아이에게 집안일을 돕게 하는 것은 중요하다(셀리그만, 2009). 누구에게 어떤일 맡기느냐가 관건이다. 나이별로 적절하고 간단한 집안일은 시켜야 한다. 발달에 이롭기 때문이다. 아동에게 집안일을 시킨다는 의미는 집안일을 돕는다는 의미일 것이다. 아동에게 집안일을 돕도록 하는 것은 아동의 사회화 과정을 돕는 효율적인 방법 중의 하나이다. 가족 구성원들이 공동의 일을 함께 협동해서 한다는 점에서 아동은 집단에서의 협동 자세를 배우게 되는 것이기 때문이다.

혼자 걸어 다닐 수 있는 시기, 즉 1세 이상이 되면 아동의 일을 스스로 하도록 격려해 준다. 예를 들면, 기저귀, 젖병가져오기. 이러한 요구는 아이가 해낼 수 있는 범위 안에서 이루어져야 한다. 그렇지 않고 지나친 요구는 오히려 아이에게 좌절감을 주어 협력 대신에 반항심이나 거부감을 일으키게 할 수 있기 때문이다.

5세쯤 되면 자신이 부모를 도울 수 있음에 매우 기뻐하고 자랑스러워한다. 충분히 칭찬해 주고 돕는 행위에 대해 인정해 주면 좋다. 이렇게 하는 것은 "돕는 것은 즐거운 것"이라는 생각과 태도를 기르게 한다. 5세 이후로 넘어가면 아동의 도울 수 있는 범위를 늘리며 보다 복잡한 일을 부여한다. 이제 부모를 거들어서 한몫하다가 점차 스스로 해보는 기회를 주도록 한다.

특히 주의해야 할 점은 아동과 거래를 해서는 안 된다. 예를 들어, "얘야, 심부름하면 100원 줄게." 식으로 해서는 안 된다. 집안일을 도우면서 사회화 과정을 촉진하는 일이 되는 것이 아니라 단순히 심부름 값이나 기타 돈을 위해 집안일을 돕게 되는 경우가 있으므로 칭찬과 인정을 충분히 해주되 거래 즉 조건부 보상은 안 된다.

17 정서가 풍부한 아이

▸▸ 일화

장난감을 서로 빼앗으려고 할 때, "친구에게는 상냥하게 대해야지"라고 말해도 아이는 "이째서?"라며 영문을 모르겠다는 듯 멀거니 바라볼 뿐이다.

▸▸ 문/제/행/동/지/도

정서가 풍부한 아이는 자신의 감정을 잘 표현하고 다른 사람이나 가족들이 어떻게 느끼는가에 관심을 기울이며 섬세하고 동정적이며 격려를 아끼지 않는다. 친구 간의 배려, 동정, 교감을 고무시키며 가슴과 가슴으로 이야기가 되는 아이이다. 사랑이 많고 부모나 친구들에게 신체적, 정서적 친밀감을 제공한다.

인정받는 아이로 키워야 한다(히라이 노부요시, 2004). 부모와 주위 환경의 기대나 강요에 이끌려 자신의 의사를 제대로 표현하지 못하는 아이는 매사 자신감도 없고 소극적인 성향을 가지기 쉬운 인징직인 정시를 만들어 기기기 어렵기 때문에 말 잘 듣고 얌전한 아이보다는 자기 주관이 명확하고 자신 있게 표현하며 당당하게 인정받는 아이로 키워야 한다. 인정받는 아이로 키우려면 자신을 소중히 여길 줄 알아야 한다. 스스로를 가치 있게 여기는 아이는 당연히 다른 사람에게도 가치 있는 사람으로 인정받는다. 스스로 하고자 하는 자발성과 자립심이 인정받는 아이로 자라게 해야 한다. 스스로 생각하고 결정하고 행동하려는 의지가 없는 아이들은 주위 사람으로부터 인정받기 어렵다. 아이에게 목표를 주어 성취감을 맛보게 하거나 의사결정이 다소 떨어지더라도 아이 스스로 해낼 수 있다는 믿음을 가지고 기다릴 줄 아는 부모의 지혜가 필요하다.

다음은 엄마가 일 년 동안 아이의 정서 발달을 위해 얼마나 열심히 노력했는지 생각해 볼 수 있는 체크리스트이다. 실제로 아이를 대하는 태도와 어느 정도 일치하는지 해당 번호를 골라 표시할 수 있다.

나는 어떻게 보살폈을까?	항상 그렇다	그런 편이다	전혀 그렇지 않다
1. 아이를 야단치기 전에 10분간 타임아웃을 갖고 이야기한다.			
2. 하루에 30분 이상 아이와 대화하는 시간을 갖는다.			
3. 재우기 전에 잠자리에서 자장가를 불러주거나 동화책을 읽어준다.			
4. 아이가 짜증을 부릴 때는 화를 내기 전에 짜증내는 이유를 들어본다.			
5. 아이에게 친구를 만들어 주기 위해 또래 아이를 둔 동호회에 참석한다.			
6. 한 달에 한번 정도는 아이와 함께 외출을 나가 다양한 경험을 하게 해준다.			
7. 아이와 한 약속을 지키지 못했을 때는 납득이 갈 때까지 설명해준다.			
8. 아이와 함께 즐길 수 있는 가족놀이 두서너 개 정도는 가지고 있다.			
9. 아이의 기를 살려주기 위해 사람들이 많은 곳에서는 야단을 치지 않는다.			
10. 잔소리는 정서 발달에 좋지 않으므로 웬만한 일에는 간섭을 하지 않는다.			
11. 아이가 틀린 단어나 문장을 말할 때는 그 자리에서 바로 고쳐준다.			
12. 손님이 오면 유난히 칭얼거리는 아이는 바로 그 자리에서 혼을 낸다.			
13. TV 보기를 좋아하는 아이 버릇을 가르치기 위해 전원을 빼버린다.			
14. 말을 듣지 않을 때 "무서운 아저씨가 잡아갈 거야." 등의 위협적인 단어를 쓴다.			
15. 아이가 실수를 했을 때 엄마가 바로 시범을 보여 행동을 바로 잡아준다.			

출처: 베스트 베이비

18 남을 잘 도와주는 아이

▸▸ 일화

오늘도 유치원에서 아이는 크레파스를 가지고 오지 않았다. 그림 그리기 시간에 크레파스가 없는 친구와 나누어 쓰다가 챙겨오는 것을 잊어버렸다.

▸▸ 문/제/행/동/지/도

남을 이해하고 사랑하는 '배려심'이 아이를 더 특별하게 만든다.

'배려심'은 다른 사람들과 어울리며 살아가는 과정에서 반드시 필요한 정서다. 인정받는 아이들에게는 이 배려심이 특히나 발달되어 있다. 다른 사람의 입장을 생각할 줄 알아서, 곤란한 상황에 있는 친구들에게 따뜻한 위로의 말을 건네고 힘을 주기도 한다. 아이에게 가장 중요한 것은 스스로의 마음가짐이지만, 결정을 내리고 판단을 해야 할 때는 다른 사람의 입장도 헤아려야 함을 알게 한다.

〈배려심〉

- 남을 이해하고 사랑하는 방법도 가르쳐라.
- 남을 이해하고 사랑하는 것도 능력이 된다. 배려심이 아이를 더 특별하게 만든다.
- 아이의 장점을 찾아 아낌없이 칭찬하라.
- 친구와 스스럼없이 어울리게 하라.
- 형제들과 물건을 나누어 쓰는 훈련이 잘되도록 돕는다. 예를 들어 종이나 크레파스를 함께 쓰고 정리하도록 한다.
- 여러 사람을 위해 일하게 한다. 이미 앞에서 다루어진 대로 집안일도 돕게 한

다. 쇼핑갈 때 품목을 정하는 것에서부터 시장바구니도 함께 끌고 식탁을 차릴 때면 수저와 그릇은 아이에게 준비하게 시킨다. 그런 경험들을 통해 엄마의 수고도 알게 되고 남을 위해서 하는 일은 모두 결국은 자신에게로 돌아온다는 것을 느끼게 해준다. 혹은 부모가 솔선해서 자원봉사 경험을 하고 이때 아동을 동반해서 박애정신을 실천하는 모습을 보여준다.

- 협동놀이나 협력놀이를 격려한다. 도미노 쌓기 놀이를 하거나 블록을 가지고 함께 성을 만들거나 우노 스탠코 같은 게임을 통해 협력하지 않으면 공든 탑도 무너질 수 있다는 것을 간접적으로 알게 한다.

19 긍정적인 아이

▸▸ 일화

갑자기 비가 오네. 오늘은 그래도 나행이다. 많이 오지 않아서 뛰어가면 옷이 많이 젖지 않겠어.

▸▸ 문/제/행/동/지/도

칭찬 혹은 기죽이기만이 아이의 자신감 높낮이를 결정짓는 것은 아니다. 우리가 아이들에게 요구나 지시를 할 때, 말을 어떻게 하느냐에 따라 아이들의 자신감에 차이가 생긴다. 어른인 우리는 자신의 행동이나 느낌을 '스스로에게 말하면서' 방향을 잡는다('차에 기름을 넣는 걸 잊지 말아야 하는데', '이런 지갑을 깜빡했네. 나도 이제 늙었군' 등). 스스로에게 말하는 것은 부모님이나 선생님들로부터 직접 보고 배운 것이다.

같은 이치로, 이제 우리가 자녀들의 마음속에 온갖 유용하고 긍정적인 말들을 심어 넣어 아이들이 스스로 되새길 수 있게, 그래서 평생 동안 용기를 잃지 않게 만들 때이다. 예를 들어, 아이에게 "오늘도 학교에서 싸우기만 해 봐, 그냥!" 하는 대신 "오늘 학교에서 친구들과 재미있게 놀고, 즐거운 시간을 보내고 와라"하는 게 어떨까? 그런 사소한 것들이 어떻게 큰 차이를 만들까?

요컨대 이건 사람의 마음이 어떻게 움직이느냐 하는 문제이다. 만약 어떤 사람이 당신에게 2분 동안 파란색 원숭이에 대해 생각하지 않으면 100만 달러를 주겠다고 했다고 하자. 그게 가능할 거라고 생각하는가?(못 믿겠다면 직접 해볼 것!) 만약 아이가 "나무에서 떨어지지 마."라는 말을 듣는다면, 아이는 '하지 마'와 '나무에서 떨어지는 것' 두 가지 일을 생각해야 한다. 우리는 무엇을 듣든지 간에 거기에 따라서 자동적으로 연상을 하기 마련이다(당신이 레몬을 콱 깨물었다고 상상해보라. 어떤 일이 일어나는가?). 아이가 나무에 떨어지는 걸 아주 실감나게 상상한다면 아이는 실제로 떨어질지도 모른다. 차라리 긍정적으로 말을 바꾸는 게 낫다. “나무 위에 올라가면 발 디딜만한 곳을 찾아봐.”

상황을 바로잡을 기회는 항상 있다. “차도로 뛰어들지 마.” 대신 “나랑 인도에 같이 있자.”가 쉽고 낫다. 아이로 하여금 어떻게 하면 안 된다고 하기보다는 어떻게 해야 할지를 상상하게 한다.

아이들에게 무엇을 시킬 때 옳은 방법을 정확하게 설명해 준다. 아이들이 사고를 저지를 수도 있으므로 지시를 명료하게 한다. “민수야, 보트의 이쪽을 양손으로 잡고 있어.”가 “그거 잡아 빼면 죽을 줄 알아”나, “너 물에 빠지려고 그래?”보다 낫다. 큰 차이가 없는 것 같지만, 사실은 차이가 크다. 긍정적인 말은 아이가 생각하고 행동하는 것도 긍정적으로 만들어, 예기치 못한 상황에도 여유 있게 대처하게 한다. 아이들은 성공하게 되는 것을 상상하고, 훌륭한 결과를 만들어 낼 때까지 스스로 그 말을 되새긴다. 부모의 격려는 아이들과 평생을 함께 한다.

출처: 스티브 비덜프, 1999, ‘아이에게 행복을 주는 비결’ 중에서

20 스트레스 받는 우리 아이

▸▸ 일화

초등학교 4학년인 큰 아이가 아파트 현관문을 들어섰나. "나녀왔습니나."하고 낮은 목소리로 인사를 한다. 얼굴이 그다지 밝지 않아서 왜 그러냐고 물어도 대답을 하지 않는다. 잠시 후 동생과 노는가 싶더니 동생에게 짜증을 부린다. 급기야 때리기까지 한다. 동생의 울음소리가 들리자 엄마는 아이들의 방으로 달려갔고 작은 아이를 달랜 후 큰 아이를 혼낸다. 이내 큰 아이는 엉엉 대성통곡을 하듯 운다. 그렇게 많이 혼낸 것도 아닌데, 나중에 할머니에게 하는 말이 친구들과 좋지 못한 일이 있어서 아주 스트레스를 받았다고…….

▸▸ 문/제/행/동/지/도

아이들도 스트레스를 받는다. 아동의 스트레스는 대부분 어른들에 의해 만들어진다. 어른들은 자신의 스트레스로 인해 자기 자신의 요구가 아동의 요구보다 우선하게 되며 아동을 재촉할 때에 주체로서가 아니라 종속체로 간주하며 아무도 자신의 아이가 보통이라고 여기지 않으며 성공적이지 못한 아이들은 낙오자로 느껴지게 만든다. 아동들이 스트레스를 받는 가장 큰 요인들로는 동생의 출생 혹은 부모의 사망이나 이혼 잦은 이사와 그로 인한 전학, 집단 따돌림, 성적 혹은 과도한 숙제일 것이다.

스트레스를 많이 받게 되면 우울 수준이 높아져서 정신건강에 나쁜 영향을 미치게 될 수 있다. 극단적으로는 자살 충동으로까지 진행되기도 한다.

동일한 스트레스에 직면해서도 이를 극복하는 과정이나 적응도는 아동마다 차이가 있다. 스트레스를 극복하는 과정이나 적응 또한 부모에게서 학습될 수 있다. 스트레스에 어떻게 대처하느냐에 따라 오히려 성장이 촉진될 수 있다.

화를 쌓아두지 않고 조금씩 방출하는 방법을 알아야 한다. 쌓아두었다가 한꺼번에 터지기 때문에 터트리기 전까지 당사자들의 고민이 상당히 크기 마련이다. 아이 방에 샌드백을 매달아 두고 언제든 공격성을 분출하도록 한다든가, 엄마와의 공동 일기장을 만들어 무슨 이야기든 무슨 욕이든 털어놓을 수 있도록 한다.

또한 아동의 행동적 암시나 언어적 암시를 무시하지 말아야 한다. 아이의 말이라도 "나는 살 가치가 없어"라든가 "이 세상을 떠나고 싶어" 같은 말들은 반드시 귀담아 들어야 한다. 나는 진짜 도움이 필요하다는 아이의 호소이기 때문이다.

아이를 재촉하지 말아야 한다. 공부든 사회적 성숙이든 신체적이든 아이를 쫓듯 성급하게 발달이나 과업을 주지 말아야 한다. 자신이 가진 능력보다 요구 수준이 높을 때 인간은 누구나 스트레스나 받게 되기 때문이다. 아동이 준비될 때까지 부모는 기다릴 줄 아는 여유가 필요하고 이를 위해 항상 심리적으로 객관적인 거리를 둘 필요가 있다. 그리고 학교에서 과도한 요구를 받고 있어 아이 스스로가 자신을 재촉하고 자극한다면 잠깐 휴지기를 둘 줄 아는 여유를 갖도록 부모는 적절한 브레이크를 걸줄 알아야 한다. 혼자서도 뭐든 잘하는 유능한 아이쯤으로 치부할 것이 아니라 신체적으로나 정신적으로 에너지를 발산할 수 있는 실외놀이나 활동, 운동을 격려한다.

실패를 두려워하지 않도록 큰일에 실패한 아동을 격려해야 한다. 특히 큰일에 실패를 하게 되면 실패가 지속되어 무기력해지는 것과 마찬가지로 아무 일도 할 수 없는 용기나 동기조차 없는 아동이 될 수 있기 때문이다.

21 무조건 반항하는 초등학생 우리 아이

▸▸ 일화

온통 방이 엉망이다. 몇 번이고 정리하라고 했지만 아이는 꿈쩍도 않는다. 결국 화가 머리끝까지 난 엄마는 아이에게 이렇게 소리친다. "너 이렇게 방 정리 안 하면 네 물건 다 버려버린다." 그러나 곧이어 돌아온 아이의 대답은 "좋아, 버려"이다.

▸▸ 문/제/행/동/지/도

무조건 반항이란 없다. 우리가 아이의 행동이나 감정을 잘 이해하지 못해서 생겨난 오해에 따른 부작용이다. 아이를 무조건 반항하지 않는 아동으로 키우려면 먼저 무조건 반항과 이유 있는 반항에 대한 구분과 이해가 선행되어야 한다. 반항이라는 단어 자체가 갖는 뉘앙스가 다소 부정적이지만 무조건적인 순종은 아이의 개성과 독립심을 말살하는 또 다른 해악일 수 있다. 학령기, 즉 초등학생인 아동의 가장 중요한 발달 과업 중에 하나는 자아 존중감의 획득이다. 이것은 에릭슨의 근면성 형성이 이루어지지 않았을 때 열등감이 형성된다는 주장처럼 이 시기에 근면성의 형성은 자아 존중감의 획득이 가장 중요하다는 다른 설명이기도 하다. 자신에 대한 긍정적인 상을 가지고 자신을 사랑하며 자신감을 갖게 하는 자아 존중감 형성은 가장 중요한 이 시기의 발달 과업일 것이다.

그런데 부모나 성인의 의견만을 잘 따르는 것은 아이를 소극적인 성격으로 만들고 환경에 대한 탐색의 기회를 줄이며 자신감의 손상을 가져오는 일이다. 그러므로 무조건적 반항이 아니라면 이유 있는 반항이 수용되는 가정이어야 한다. 이런 메시지를 구별하기 위한 의사소통이 잘 이루어지는 가정이어야 한다. 그러기 위해서는 부모와의 신뢰감 형성이 중요하다. 신뢰할만한 세상, 신뢰할만한 가정, 신뢰할만한 부모를 가진 아동은 주어진 규율과 명령을 따르지 않을 수 없고 기쁘게 자발적으로 순종하게 된다.

일단 부모가 모범을 보여야 한다. 아동과의 사소한 약속이라도 반드시 지키며 부모가 한 말이나 행동에 일관성이 있어야 하며 부모가 지시한 일은 반드시 지키게 하는 엄격성을 보여야 한다. 아동이 지시를 잘 수행했을 때는 적당한 칭찬으로 인정해 주는 모습을 보이고 자녀를 끝까지 믿어주고 적절한 기대를 보여 준다.

자유로운 의사표현을 존중하며 권위가 있고 믿을만한 부모, 깊은 애정과 따뜻함을 느낄 수 있는 부모를 가진 아동은 부모와의 약속이나 명령을 반드시 지킬 것이다.

예를 들어 길거리에 침을 뱉거나 휴지를 아무데서나 버리는 아동, 공공장소에서 뛰어다니거나 지하철에서 소란을 피워도 가만히 두는 부모가 가정에서 아동에게 휴지는 휴지통에 버려야 한다든가, 아파트 아래층 사람들에게 피해를 주니 뛰어다니지 말라고 한다든가, 밤 10시에는 자야 한다면서 취침 시간의 준수를 고지하면 아동이 잘 따를 것인가 한번 생각해 볼 일이다. 10시 취침 시간인데 손님이 왔다고 한 번쯤인데 어때, 자주 오는 손님도 아닌데 오늘은 예외다 하고 아이가 자든지 말든지 내버려 둔다면 아동은 손님이 돌아간 후 10시 취침 시간을 잘 지킬 수 있을까 그것도 생각해 볼 일이다. 한 번의 예외가 10번의 잔소리와 반복된 다짐과 아이와의 규칙 지키기 위한 경쟁을 만든다는 것을 명심해야 한다.

아동이 에너지를 발산할 기회를 주어야 한다. 가급적 위험 요인만을 제거해 주고 자유롭게 하고 싶은 것을 할 수 있는 시간과 장소를 제공해 주며 운동 기구 같은 것도 위험하지 않은 사용법을 가르쳐서 적극적으로 활동을 많이 하도록 한다. 부모와 레슬링하거나 달리기를 해서 아동의 에너지를 발산할 수 있도록 한다.

타인의 입장을 이해시킨다. 아동이 난폭한 행동을 하거나 격렬한 반항을 하면 부모는 "누가 네가 그렇게 당한다면 네 마음이 어떻겠니?"라는 말로 타인의 입장을 이해해 보도록 유도한다. 그리고 뭐든 제 마음대로 하고 그처럼 난폭하게 굴면 다른 친구들이 싫어하고 결국에는 친구들이 없어질 것이라고 아동의 행동에 대한 결과를 설명해준다.

22 정리하기 싫어하는 아이

▸▸ 일화

학습지 선생님이 오셨지만 아이는 어실러신 책상 속에서 오늘 해야 할 학습지를 찾지 못해 벌써 몇 분째 찾는 중이다.

▸▸ 문/제/행/동/지/도

정리 정돈하는 습관은 이후에 성격 형성에 많은 영향을 준다. 지나치게 정리 정돈을 강요하였다면 완벽주의적인 성향 혹은 더 심하게는 패러노이드한 성격, 즉 편집증적인 성격이나 강박증과 같은 성격으로 발전되게 될 수 있고, 반대로 이러한 의식이 전혀 없이 키워진 아동들은 산만하며 집중력이 떨어지는 등 그로 인한 학습 능력의 결여, 학업성취도 저하 등의 문제를 야기 시킬 수 있다. 실제 산만하거나 지적 능력이 떨어지는 아동들은 물건을 제자리에 둘 줄 모르고 물건을 제자리에 놓으려나 오히려 기존 물건들의 위치를 흩드려놓거나 이에 망쳐놓기 일쑤다.

정리를 잘 하지 못하는 아동들은 크게 두 가지 유형이 있다. 첫째, 생활의 경험 부족으로 인해 습관화되지 않은 아동이며 둘째, 정리해야 되는지 알면서도 정리하려고 하지 않는 아동이 있다. 특히 두 번째 유형은 다시 하위 2가지 유형으로 나눌 수 있다. 하나는 제 마음대로 해왔기 때문에 누군가 자기 대신 정리해 줄 것이라 여겨 자기가 하지 않아도 된다고 생각하는 유형이고 또 다른 유형은 다른 사람이 보는 앞에서만 하고 보지 않으며 안 하는 아동이 있다.

정리하는 습관이 형성되지 않은 아동의 부모 자신도 깨끗하게 정리하지 못하므로 아동에게 강력하게 말하지 못하는 경우일 수 있다. 부모는 아동의 거울이라고 했다. 부모가 모범을 보여주지 못하면서 아동에게 정리 정돈해야 한다는 의식을 가지게 하는 것은 무리이다. 또한 부부간의 불화나 부모부재, 부모 이혼, 가정 경제의 위기 등의 문제로 가정이 불안하여 아동을 불안하게 만들어 정리정돈이 되어 있지 않은 상태에 대해 전혀 의식하지 못하는 경우일 수도 있다. 이 모든 경우는 아동의 문제라기보다는 부모의 문제이므로 부모 문제, 가정 불안 요인부터 제거하는 것이 우선적 과제다.

정리해야 하는지 알면서도 하지 않는 아동의 경우에는 누군가 항상 대신 정리해 주었기 때문에 습관으로 형성되지 않은 경우이다. 독단적이고 제멋대로인 아동이라 부모가 언제나 지저분함을 참다못해 먼저 정리해 주었거나, 집안의 소황제로 아동을 다루어 뭐든 부모가 다 해 주었거나, 정리 정돈이라는 것을 아동의 몸에 익히도록 하는 것에 대해 과소평가하거나, 부모가 소홀히 생각하고 아동이 직접 해야 한다든가 하는 의식이 결여되어 부모나 다른 사람이 대신해 주었기 때문이다. 정리 정돈을 몸에 익히는 것이 필요하다는 인식을 심어주도록 아이가 스스로 하도록 격려하고 잘하지 못하더라도 칭찬해 준다. 처음부터 “네 방정리는 네가 하도록 해”하는 식의 과도한 양을 주기보다는 부모와 아동이 분담하여 정리하는 것부터 시작하는 것이 좋다. 잘하지 않으려 하면 슬쩍 형제끼리 경쟁을 붙이는 것도 좋다. 아동 나름대로 정리를 마친 후에는 일단 칭찬부터 해주고 부모의 눈에 거슬리는 부분 중에 한 가지 정도만을 지적해 주고 다음 번에는 더 잘하도록 독려한다.

누군가 볼 때는 잘 정리하면서 보지 않으면 정리하지 않는 아동의 경우에는 아직 아이의 의식이 확고하게 자리 잡지 못하였고 습관화되지 못해서이다. 부모가 정리 정돈하라고 하면 하기 시작하다가도 금세 다른 곳에 주의를 빼앗기거나 한다. 다시금 강도 높은 습관 형성을 위한 훈련이 필요하다. 그리고 주의를 빼앗는 거리들을 없앤다. 아동의 책상 위는 항상 학습과 관련된 것들 외에는 치워버리고 아동의 방도 장난감의 양을 조절하여 너무 많이 쌓이지 않도록 한다. 어수선하게 만들 거리가 많은 것도 나중에 아동이 정리하는 데 부담일 수 있기 때문이다. 그러나 매번 정리하라는 부모의 말이 있어야 정리를 하고 다 정리하는 데 오랜 시간을 요하며 그 사이에 부모가 여러 번 개입해야 간신히 한다면 혹시 주의가 너무 산만한 것은 아닌지 의심해 볼 일이다.

정보인(1999)은 『행동 수정을 통한 어린이의 문제 행동 지도』라는 책에서 간단하게 정리 정돈을 가르치는 방법을 제시하였다.

첫째, 아동이 제자리에 놓지 않은 물건들을 조사하여 목록을 만든다. 이때 보상의 종류도 정한다.

둘째, 만들어진 목록 중에서 비교적 하기 쉬유 것으로 세 가지 정도를 골라 그 물건이 있어야 할 장소를 아동과 상의하여 분명하게 명시한다.

셋째, 그 세 가지 물건이 제자리에 있는지 부모가 하루에 5회(일정하지 않은 시간에) 점검하고 점검 결과를 표로 만들어 벽에 붙여 놓는다.

넷째, 세 번째에서 물건이 제자리에 있을 때는 보상을 토큰으로 주고 제자리에 없을 때는 권리박탈로 토큰을 뺏는다. 이때 물건이 제자리에 있지 않더라도 부모가 잔소리를 해서는 안 된다. 약속대로 토큰만 빼앗는다.

마지막으로 두 번째부터 네 번째까지 잘되면 두 번째로 돌아가 정리 정돈 목록을 만들고 다시 세 번째와 네 번째 과정을 실시한다.

23 게으른 아이 vs 부지런한 아이

▸▸ 일화

늦잠이다. 오늘도 학교에 지각이다. 책가방도 미리 챙겨두지 않았다. 잔소리를 하지 않았더니 학교 갈 준비가 전혀 되어 있지 않다.

▸▸ 문/제/행/동/지/도

초등학교 시기는 에릭슨의 심리 발달 단계에서 근면성 대 열등감이 형성되는 시기이다. 즉, 이 시기에 발달 과업이 근면성 획득이라는 것이다. 학교에서의 높은 성취와 성공이 아동의 근면성을 발달시키게 된다. 자아 성장의 결정적 시기이기도 하다. 교사와 또래의 영향력이 아주 중요하다. 이 시기에는 실패보다는 여러 가지 도전들에서 성공의 경험이 많은 것이 아동이 열등감에 빠지지 않게 하는 것이다. 특히 학습에서의 성공감이 일생을 좌우하기도 한다.

- 왜 부지런해야 하는 것인지 한번 호흡을 가다듬고 생각해 보아야 한다. 아이가 부지런하면 아동에게 어떤 점이 좋은 것인지 부모에게 좋은 점을 말하고 생활계획표를 짜게 해야 한다. — 하루의 계획표를 30분 단위로 아동 스스로 작성하게 한다. 물론 반드시 계획표상에 들어가야 하는 내용은 아동과 의논하여 미리 정해둔다.
- 정리 정돈하는 습관을 형성하도록 한다. — 자신의 방이 어지러워 자신의 물건이 어디에 있는지 모르는 경우가 많고 학교 갈 준비도 대충 대충인 경우가 많다. 그러므로 앞부분에 나온 정리 정돈하는 방법을 적용하여 정리 정돈이 습관화되도록 한다.
- 적당한 운동을 하게 한다. — 가족이 함께 일정한 시간을 정해두고 가벼운 산책부

터 시작해서 줄넘기나 자전거 타기 같은 가벼운 운동을 규칙적으로 하게끔 유도한다.

- 비만해지지 않도록 한다. — 움직이는 걸 싫어하고 먹는 것만 좋아하는 경우가 많으므로 나중에는 몸이 무거워서 더 움직이기 힘든 경우가 있으므로 식습관을 조절하여 비만을 예방하도록 한다.
- 부모가 모범을 보인다. — 부모가 먼저 집 안 청소를 부지런히 하는 모습을 보여주고 해야 할 일을 먼저 한 이후에 휴식을 취하거나 레저를 하는 모습을 보인다.
- 목표를 갖게 한다. — 가깝게는 학습 목표도 좋고 이후 성인이 되어서 하고 싶은 일을 함께 이야기하고 그런 일을 하기 위해서 해야 할 일들도 이야기하면서 확고한 단기 혹은 장기목표를 세우도록 한다.

24 사랑의 매와 우리 아이

▸▸ 일화

아이의 친구 생일파티에 초대를 받았다. 엄마들끼리도 절친한 사이라 아이와 함께 참석했는데 많은 아이들 속에서 입을 산만큼 내밀고 삐쳐 있는 아이가 눈에 들어 왔다. 왜 그러냐고 이유를 물어도 대답도 없더니 이내 눈물이 맺힌다. 집에 가겠냐고 물어도 계속 성질만 부리면서 버틴다. 남의 생일파티에서 분위기를 망치고 있는 아이 때문에 여간 미안한 일이 아니다. 한대 때려주고 싶은 마음이 굴뚝 같다.

▸▸ 문/제/행/동/지/도

체벌은 절대 하지 말아야 한다. 학령기에 접어들면서 아동들은 가정에서는 아니더라도 이미 교사나 학교 선배, 학원 형들, 친구들로부터 알게 모르게 맞거나 혹은 때리거나 하는 경험들을 어느 정도는 갖게 된다. 그런데 유독 가정에서만 사랑의 매든 아니든 체벌이 존재하지 않는다면 과연 아동의 바람직하지 않은 행동을 교정하고자 할 때 다른 대체 방법들이 효과적일 수 있을지 의문이 들 것이다.

체벌은 즉각적인 효과를 발휘하지만 일시적이며 체벌을 사용하면 할수록 그 강도는 높아질 수밖에 없다. 그래서 필요악이라고도 한다. 그러나 지금은 이런 생각의 전환이 이루어져야 하는 시기이다. 물론 선진국들에서도 엉덩이를 엎어놓고 때린다든가 혹은 심한 경우 혁대나 기타 몽둥이 등 무기를 사용한 거의 학대 수준의 체벌이 존재하는 것으로 안다. 하지만 우리처럼 눈에 보이는 상처가 있으면 학대고 체벌이고, 눈에 보이지 않는 예를 들면 머리를 몇 차례 가볍게 때리거나 귀를 살짝 꼬집는다든가 하는 식의 상처가 남지 않는 것은 애교로 넘어가고 넘어 가주고 하는 문화는 이후에 더 큰 문제를 야기시킬 것이다.

아버지도 맞으면서 자랐다느니 하면서 세대 간에 전수되고, 사내아이들은 당연히 때리고 맞으며 자라는 것이라는 식의 남성만의 고유한 문화인 것으로 치부되기도 하는 것이다.

반드시 체벌이 필요한 경우라도 절대 체벌은 하지 말아야 한다. 사랑의 매는 없다. 체벌인 필요한 경우에 대한 판단이 잘못된 것이다. 반드시 체벌인 필요한 경우는 없다. 체벌은 학대이고 양육에 대한 게으름의 표현이며 아동을 쉽게 통제하려는 잘못된 훈육방식일 뿐이다.

25 열 안 받고 말 잘 듣게 만드는 잔소리 테크닉

▸▸ 일화

퇴근해서 돌아왔더니 가사 도우미 할머니랑 아이는 텔레비전 시청 중이다. 저녁 식사 후 텔레비전을 얼마동안 보았냐고 물었더니 머뭇거리더니 4시간도 넘었단다. 숙제는 했는지 물었더니 고개를 절래 흔든다. 화가 치밀어 오른다.

▸▸ 문/제/행/동/지/도

〈잔소리 테크닉 7〉

● 하나 – 혼내는 대신 상태를 설명한다.

아이의 특징 중 하나가 "너는…" 하는 식의 비난을 받게 되면 속상해지고 도리어 반대로 나가려는 마음을 갖게 한다. 그뿐만 아니라 "이것은…" 하는 식으로 문제 해결에 필요한 일들을 이야기할 수 없게 된다. 문제점을 지적할 때 상태를 설명하면 아이들은 문제 자체를 해결하는 데 쉽게 주의를 집중할 수 있다. 예를 들면 "넌 늘 왜 그러니? 목욕탕 물은 틀 줄만 알았지 잠글 줄은 몰라?"라고 하기보다 "얘야 목욕탕 물이 넘치려고 한다. 라고 말한다. 아이는 자신을 나무라지 않고 문제를 설명하는 부모를 보며 문제 해결에 대하여 자신의 생각도 이야기할 마음을 갖게 된다.

단 문제의 상태를 설명할 때 빈정대거나 애정 없이 이야기하는 것은 아이의 반발심을 불러일으킬 수 있으므로 주의한다.

● 둘 – 정보를 알려주는 기회로 삼는다.

아이 자신이 일을 제대로 처리하지 않을 경우 어떤 결과가 일어나는지를 알게 한다. 예를 들어 "누가 우유를 마시고 나서 밖에 그대로 두라고 했니?"라고 하기보다 "우유를 냉장고에 넣어두지 않으면 맛이 시어지고 상한단다."라고 말한다. 아이들은 자신에 대해 쏟아지는 불만을 받아들이기보다 정보를 받아들이는 것이 더 쉽다. 또 어떻게 보면 아이가 일생을 살아가면서 필요한 정보 획득 기술을 익히는 중요한 계기가 될 수 있다. 사실 요즘 대부분의 부모들은 이런 정보 제공의 역할은 제대로 하는 편이다. 하지만 늘 문제가 되는 것은 정보 제공 후 끝마무리로 하는 말들. 예를 들면 "… 바보", "… 못됐어", "… 어쩔 수 없는 애야", "… 포기했어." 등이다. 인격을 무시하는 단어를 사용할 경우 정보 제공 효과를 전혀 얻을 수 없으므로 삼간다.

● 셋 – "너" 대신 "나"라는 말을 사용한다.

'너'라는 말을 쓰게 되면 아이를 질책하는 소리로 들릴 수 있다. 아이에게 잔소리를 하면서 '나'라는 주어를 사용하게 되면 아이의 행동으로 인해 '나'가 어떻게 느끼는가를 알려주는 문장이 된다. 즉, "너 이렇게 밖에는 못하겠니?"라는 말 대신 "네가 이런 식으로 행동하니까 난 기분이 나쁘단다." 식으로 말할 수 있다.

● 넷 – 아이가 알 수 있는 쉬운 언어를 사용한다.

언어 능력은 아동의 발달 수준과 밀접한 관계를 갖고 있다. 어른에게는 아주 쉬운 말일지라도 아이에게는 실제로 어려운 경우가 많고, 말뜻은 알고 있지만 어떻게 해야 하는지 구체적인 방법을 모르는 경우도 있다. 따라서 아이가 알아들을 수 있는 단어와 문장으로 명확하게 이야기해야 한다. 한 예로 "네 방 안 좀 정리해 봐"라고 할 경우 '정리'라는 말은 어렵고 이해하기 힘든 말이다. 그러므로 "여기의 블록은 블록통에 담고, 저 책들은 책꽂이에 꽂아두렴."과 같이 상세한 지시를 하는 것이 좋다.

● 다섯 – '절대'라는 말을 사용하지 않는다.

'절대', '항상', '모두', '아무도' 등의 표현은 정확한 설명을 할 수 없고 갈등을 연장시키는 경향이 있으므로 사용하지 않는다. 이를테면 아이의 행동에 대해 "너는 항상… 하는구나." 라고 말하는 대신 "너도… 할 때가 있구나." 라고 말한다. 강조하거나 설득의 도구로 이런 단어를 사용하게 되면 엄마의 느낌이 과장돼 있다고 생각할 수 있다. 또 말투에 신경 쓰느라 엄마가 무슨 말을 하려는지 그 본질을 놓치게 되므로 따지려 들거나 방어적인 태도를 취하기 쉽다.

● 여섯 - 선택의 기회를 준다.

행동을 제지하는 말을 했음에도 아이가 문제를 계속 일으킬 경우 "조용히 하든지, 네 방에 가 있든지 해라.", "밥을 먹든지, 네 방으로 가서 저녁을 굶든지 해라." 등으로 선택을 하게 한다. 이 같은 선택을 하게 하는 것은 지금까지 네게 생각해 보게 했고, 또 기회를 주었는데도 불구하고 제대로 행동하지 못했기 때문에 아이의 행동 반경을 부모가 결정하겠다는 의지를 보이는 것이다.

● 일곱 - 권위적으로 강요하지 않는다.

아이에게 해야 할 행동을 지시할 때 권위적으로 말하기보다는 아이의 소중함을 부모가 잘 기억하고 있다는 것을 알려준다. 또 소중히 느끼기 때문에 이렇게 너의 행동을 고치려고 한다는 것을 알려주면 아이는 무시당하지 않고 존중받고 있다는 것을 인식한다.

26 형제끼리 심하게 싸우는 아이

▶▶ 일화

차를 타고 할머니 댁에 가는 중이다. 작은 아이는 자고 있다. 휴게소에 도착해서 작은 아이가 일어났고 그때부터 큰 아이와의 작은 전쟁이 시작되었다. 네 자리로 가라느니 왜 내 자리에 오냐느니 하지 말라느니 계속되는 싸움에 운전하던 아빠는 운전하는 데 방해가 된다며 소리를 버럭 지른다. 잠시 조용한가 했더니 창가 쪽에 몰려가서는 다시 자리다툼이다.

▶▶ 문/제/행/동/지/도

자매나 형제끼리 자주 다투면 부모는 신경이 많이 쓰인다. 한 명씩 데리고 다닐 때는 부모 말도 잘 듣고 하던 아이들이 형제를 데리고 다니면 백화점에서든 차 안에서든 식당에서든 잦은 싸움이다. 싸우느라 부모 말은 뒷전이다. 소리도 질러보고 달래도 보지만 언제나 잠시 동안의 평화일 뿐 이내 전쟁이다. 큰 아이와 작은 아이가 싸우면 보통은 생각과는 달리 작은 아이 편을 들게 된다. 신체적으로든 정신적으로든 큰 아이가 강자라는 생각이 들어서다. 부모가 무슨 재판관도 아닌데 형제 싸움에 개입해 누군가의 손을 들어주는 경우도 다반사다.

작은 아이 편만을 들다 큰 아이가 울며 삐치면 이내 '다음 번에는 큰 아이 편을 들어줘야지.'하고 마음먹는다. 아니면 부모가 나눠어 편을 들어주자며 다짐하기도 한다. 그러나 이런 모든 방법들은 좋지 않다. 아이들의 싸움에 어떤 형식이로든 개입하는 것은 좋지 않다. 일체 관여하지 않는 것이 가장 좋은 방법이다.

형제들이 다투게 되는 원인은 부모의 애정을 서로 많이 받으려는 무의식적인 대항 감정이 있기 때문에 부모가 있다는 자체가 싸움의 원인이 된다. 큰 아이의 경우에는 동생이 태어나기 전까지는 부모의 애정을 독차지하다가 동생이 태어나자 생물학적으로 연약한 존재이기에 더 많은 보살핌을 하는 것인데 큰 아이의 눈에는 동생에게로 부모의 애정이 옮겨갔다고 생각한다. 어떤 이는 동생의 출현이 10년 동안 함께 산 남편이 어느 날 갑자기 애인을 데리고 와서는 이혼을 요구할 때의 그런 충격과 같다고도 했다. 그래서 어떤 아동들은 잘 가리던 대소변 가리기를 실패하기도 하고 갑자기 나이보다 어린 아이 짓을 하며 요구가 늘고 애정을 확인하려는 시도가 빈번하여 부모를 귀찮게 한다. 심지어 동생에게 위해를 가하기도 한다.

이런 감정의 격변을 겪은 차에 동생이 자라 형과 대적하게 되면 싸움이 일어나는 것은 자연스러운 일이다. 부모에 대한 애정다툼에 기인한 것이므로, 부모가 개입하지 않으면 아이들의 싸움은 이내 잦아든다. 형제 간의 싸움은 서로의 갈등이나 적개심들을 해소시키는 방법이기도 하고 상대방의 요구도 이해하게 되며 자기의 고집을 깨기도 하고 남의 입장도 수용하게 되는 방법도 배우는 계기가 되기도 한다. 자기들만의 규칙도 세우고 남과 나누는 법도 알고 자연스러운 서열도 생겨 아이들로서는 성공적인 사회생활을 위한 기초적인 소양들과 규칙들을 경험하게 된다.

27 TV 속으로 들어갈 것만 같은 아이

▶▶ 일화

아이는 벌써 두 시간째 TV 앞에 있다. 윗집 친구가 놀러 와도 TV나 함께 보자고 한다. 아이가 좋아하는 공주풍의 만화영화다. 놀러온 윗집 아이는 잠깐 같이 TV를 보다 재미없다며 놀이를 하자고 한다. 그러나 우리 아이는 여전히 TV에 시선고정이다. 윗집 아이는 잠시 후 그냥 슬그머니 현관문을 열고 나가버린다. 서둘러 TV 앞의 아이에게 친구 배웅도 하지 않느냐고 해도 듣는 둥 마는 둥이다. 결국 화가 난 엄마는 TV를 끄고 “네 방에 들어가 공부해.”하고 소리를 지르고 만다.

▶▶ 문/제/행/동/지/도

일하는 엄마의 아이는 혼자 시간을 보내야 하는 경우가 많다. 이때 아이는 많은 시간을 TV 시청으로 보내게 된다. TV는 많이 볼수록 좋지 않은 영향을 미친다. 빠른 화면과 전자파가 아이의 뇌에 영향을 주어 뇌 기능 발달을 저해하게 된다. 또한 간접적인 교육 효과도 있어 무차별적인 학습이 이루어지는 폐해가 있다. 예를 들어 배우지 말아야 할 어른들의 오염된 세상 이야기나 과격한 언어, 욕설, 폭력, 잘못된 성역할과 성 개념 등이다. 그러므로 부모는 아동이 TV 중독이 되지 않도록 각별한 주의가 요구된다. 그렇다고 TV를 아예 없애버리거나 억지로 못 보게 하는 것은 오히려 역효과가 날 수 있다.

요즘의 아이들이 TV를 통해 많은 공감대를 형성하고 대화꺼리를 찾는 것이 사실이므로 아예 TV를 보지 못하게 하는 것은 아동이 화제에 끼어들 수 없게 하고 소외감마저 느끼게 한다.

이제 TV가 아동의 생활과도 밀접한 관계를 맺고 있으므로 효과적으로 시청할 수 있는 방법을 생각해 보는 것이 오히려 현실적인 대안이 될 것이다. 우선 아동이 볼 수 있는 프로그램과 봐서는 안 될 프로그램에 대해 아동과 협의를 한다. 아동의 흥미를 중심으로 재미있고 즐거움을 주는 오락 프로그램과 과학이나 사회 지식을 얻을 수 있는 교양 다큐멘터리 프로그램을 섞어서 보여주는 것이 좋다.

아동을 위한 프로그램이라도 아동 혼자 일방적으로 시청하게 할 것이 아니라 부모가 함께 시청한 이후에 이야기를 나누는 것이 좋다. 시청 후 감상이나 느낌 같은 것들을 나눈다.

시간을 제한하도록 한다. 연속해서 30분 이상 보지 않도록 한다. 특히 아동이 봐서는 안 되는 프로그램은 가족 모두가 시청하지 않도록 한다. 또한 TV에 너무 집착하지 않도록 다른 흥미 있는 놀이를 하도록 격려하는 것이 좋다. 특히 친구 관계에 문제가 있는 친구들은 이런 TV나 컴퓨터 등에 몰입하므로 다른 문제로 인한 집착은 아닌지 항상 살펴보아야 한다.

28 집에서 짜증내는 아이

▸▸ 일화

초등학교 1학년 아이는 처음엔 학교 다니는 걸 재미있어 했다. 그런데 한 달쯤 지나니 담임 선생님이 아이의 수업 태도가 안 좋고 반항적이라고 전해 주었다. 집에서도 전보다 화를 더 많이 내고 특히 엄마한테 사사건건 말대꾸를 했다. 툭하면 "엄마, 나가 버려." "엄마, 죽어 버려." 라며 거친 말을 내뱉었다. 아이는 입학 초기에 잘 지낸 것이 아니라 잘 지내보려고 기를 쓰면서 견디고 있었을 뿐이었다. 시간이 지나도 적응이 되지 않아 아이가 참다못해 폭발한 것이다. 병원놀이를 하면서도 인형을 충치 치료한다며 일부러 15분이나 계속 울리는 등 거칠게 다뤘다. 또 나쁜 사람이 나타나 집을 폭파시킨다며 인형집을 서너 번이나 뒤집고 장난감 바구니를 확 쏟아 엎어 버렸다.

▸▸ 문/제/행/동/지/도

아이들이 별일 없으면 부모는 아이가 잘 지내는 것으로 생각한다. 그러나 아이들의 생활을 종합적으로 들여다보면 잘 지내는 것과 잘 견디는 것은 엄연히 차이가 난다. 정말 잘 적응하며 지내는 아이들은 학교에서 잘 지낼 뿐만 아니라 집에 와서도 부모, 형제, 친구들과도 즐겁게 잘 지낸다.

집에서는 동생과 싸움도 많이 하고 짜증과 신경질도 많으나 밖에서는 모범생으로 잘 지내는 아이들이 있다. 이는 잘 지내는 것이 아니다. 실제 아이는 공부하는 인내력이 좋은 것도 아니고 자발성이 있는 것도 아니다. 다만 부모님과 선생님께 인정받고 사랑받으려 잘 견디고 있을 뿐인 것이다. 그러므로 부모는 이를 구별해 낼 줄 알아야 한다. 그리고 어디선가 잘 지내지 못한다면 이유가 있는 것이니 이를 찾아 도와주어야 한다(조선일보, 2005).

29 우울증과 짜증, 반항이 잦은 아이

▶▶ 일화

아이는 언제부턴가 예전 같지 않다. 누군가 이름을 불러도 딴 생각을 하느라 대답을 못하고, 괜한 신경질을 부리고, 자꾸 아파서 병원에 데려가지만 의사는 별문제가 없다고 한다. 잘 알아서 하던 공부를 게을리해서 야단맞는 일도 늘었다. 학년이 바뀌어 예전의 아이 모습을 모르시는 선생님께서는 아이가 집중을 못 하고 친구도 잘못 사귄다고 하신다. 엄마는 뭐가 문제냐고 물어보지만 아이는 왜 그런지 잘 모르겠단다.

아이들은 감정을 정확하게 표현하는 능력을 갖추지 못했다. 그런 능력은 대체로 청소년기를 지나며 얻게 되는 것이다.

그래서 아이들은 우울한 기분을 모호한 신체적 이상의 호소, 괜한 짜증, 유난히 겁을 많이 내기 같은 증상들로 표현하여 부모를 어리둥절하게 만든다. 심한 우울증을 앓고 있는 아이들도 어른처럼 우울하고 슬퍼 보이기보다는, 산만하고 게으르며 화를 많이 내는 아이로 변한 것처럼 보일 수 있다.

아이가 우울하다는 것을 알아챌 수 있는 신호들로는 예전에 즐기던 일에 대한 흥미를 잃거나, 쉽게 지치거나, 수면과 식욕이 달라지거나, 집중을 못하거나, 반항적으로 되거나, 나이에 어울리지 않는 절망적인 혹은 죽음에 대해 생각하는 것들을 들 수 있다. 또한 변화무쌍한 감정을 보일 수도 있다.

아동기 우울증의 원인은 유전적 영향도 크지만, 서로 싸우거나 헐뜯는 부모, 엄격한 규율, 냉담한 부모, 우울증을 앓는 어머니 등이 가장 흔하다.

위의 일화에 등장하는 아이의 어머니도 치료는 받지 않았지만 시댁과의 갈등 때문에 심한 우울증을 앓았다. 아이에게는 관심이 필요했다.

자신의 삶에 집중하고 있는 부모에게 "저 여기 있어요, 저 좀 봐 주세요!"라고 외치듯 아이는 부모가 원하는 행동을 미리 척척 알아서 했다. 부모에게 인정받고 싶었던 것이다. 하지만 부모는 오히려 그런 아이의 성실한 태도를 당연한 것으로 여겼고, 아이는 점점 지쳐갔다. 성공적인 맞벌이 부부의 아이에게 흔히 있는 일이었다.

▸▸ 문/제/행/동/지/도

먼저 부모가 아이를 이해하려는 자세가 필요했다. 당연히 지나친 강요나 기대보다는 아이의 생각과 고민들을 있는 그대로 들어주려는 노력이 필요했다. 부모가 하루에 30분씩만 아이와 함께 기쁜 마음으로 놀아주고, 아이에게 항우울제를 복용시키는 것만으로 아이는 우울증에서 벗어났다. 관심과 칭찬과 항우울제는 모두 같은 방식으로 뇌 회로를 강화시켜 아이의 자신감을 회복시켜준다. 우울증은 진단만 되면 쉽게 치료될 수 있다. 애써 외면해 성격적인 문제로 발전되는 것을 막아야 할 것이다(동아일보 2004).

긍정적 정서가 행복한 아이를 만든다(셀리그만, 2009)

눈앞에 닥친 위협에 맞서는 행동에만 제한된 부정적 정서와 달리 긍정적 정서는 성장의 가능성을 널리 알리는 역할을 한다. 아이가 발산하는 긍정적 정서는 아이와 부모 모두가 윈-윈 게임을 하고 있다는 사실을 알려주는 네온사인과 같다.

양육의 세 가지 원칙 중 첫 번째는 나중에 필요할 때 인출할 수 있는 아이이 예금통장에 지적, 사회적, 신체적 자산을 저축하도록 긍정적 정서를 계발해주는 것이다, how?

아이는 안전함을 느낄 때 긍정적 정서를 일으키고 더 멀리 나아가 탐색하고 놀면서 자산을 축적하게끔 진화한다. 안정적 애착을 형성한 아이는 애착관계가 불안한 아이보다는 탐색활동을 먼저 시작하고 능력을 빨리 습득한다. 그러나 언제든 위험이 닥치면 몸을 사리고 엄마가 보이지 않으면 부정적 정서에 휩쓸리기 때문에 아무리 안정적인 애착을 형성한 아이일지라도 자신의 안전을 지키는 제한된 행동을 하게 마련이다. 안전을 지키는 제한된 행동이란 모험을 피하고 불확실한 사람이나 대상에게서 등을 돌리며, 흐느끼거나 울음을 터트리는 행동이다. 그리곤 엄마의 모습이 보이면 다시 기뻐하며 안정을 찾고 탐색활동을 열심히 한다.

유아기는 긍정적 정서가 많기 때문에(?) 인지적, 사회적, 신체적 자산을 형성하고 축적할 수 있는 토대가 된다. 긍정적 정서는 몇 가지 방법으로 이 역할을 수행한다. 첫째, 긍정적 정서는 직접적으로 호기심을 자아내고 이 호기심은 다시 능력을 숙달하게 한다. 능력의 숙달은 그 자체로서 '연쇄적 상승'을 일으켜 더 많은 긍정적 정서를 유발하고 이것을 또 다시 더욱 많은 숙달과 더 많은 긍정적 정서의 유발로 이어진다. 그러고 나면 유아는 참된 능력을 저절로 형성하고 축적하게 되어 처음에는 얼마 안 되던 아이의 자산이 어마어마하게 늘어나게 된다. 반대로 부정적 정서를 경험할 때 유아는 스스로 난공불락의 요새를 만들어 자산을 확충할 기회를 차단해버린다. 두 번째 양육의 원칙은 더 많은 긍정적 정서의 연쇄적 상승이 일어나도록 유아기의 긍정적 정서를 증대하는 것이다. 사람은 긍정적 정서를 느낄 때 그간 축적해온 지식을 바탕으로 새로운 사고와 행동을 한다. 따라서 창의적이고 폭넓은 사고를 하며, 도전적이고 탐색적인 활동을 하게 된다. 그 결과 더욱더 많은 능력을 터득하게 되어 긍정적 정서가 더 많이 형성되고 더욱더 많아진 긍정적 정서는 또 다시 한층 다양한 사고와 행동을 이끌어내는 식으로 계속 이어진다. 정말로 긍정적 정서의 연쇄적 상승이 존재하고 그래서 그 작용을 활용할 수 있다면 매우 행복한 삶을 누릴 수 있다.

세 번째 양육원칙은 아이의 부정적 정서 못지 않게 긍정적 정서도 신중하게 받아들이고 약점 못지않게 강점에도 큰 관심을 기울여야 한다는 것이다.

아이의 긍정적 정서를 계발하는 8가지 방법

1) 아이와 함께 자기
2) 동작 따라하기 놀이
3) 예스와 노
4) 칭찬과 벌

선택적으로 칭찬한다. 무조건적인 긍정적 배려와 긍정적 배려를 반반씩 섞는 것이다. 무조건적인 긍정적 배려란 옳고 그름에 상관없이 무조건 애정 어린 관심을 쏟는 것을 뜻한다. 긍정적 배려는 대개 자녀에게 긍정적 정서를 자아내고 이 긍정적 정서는 다시 탐구심과 능력배양의 밑거름이 된다. 이것은 더 없이 좋은 결과이다. 이와 반대로 제어는 조건적인 배려이다. 이 말은 곧 아이의 행동에 따라 결과가 엄격하게 달라진다는 뜻이다. 이 둘의 차이는 판이하게 다르다. 학습된 무기력은 불행한 일을 통제할 수 없을 때는 안타깝게도 좋은 일을 통제할 수 없을 때에도 나타난다. 벌은 긍정적 정서를 방해하는데 이는 벌이 자아내는 고통과 두려움 때문이다.

5) 형제간 경쟁심리
6) 잠자리 활동: 가장 즐거웠던 일 생각하기, 꿈나라 여행준비
7) 기레히기
8) 새해 각오

해마다 아이들과 함께 새해 각오를 정하고 여름 중순에는 이에 대한 중간평가를 한다. 새해 각오는 강점을 축적할 수 있는 긍정적인 목표로 정한다. 약점의 개선이나 삼가야 할 행동들로 이루어진 새해 각오는 활기찬 새해를 시작하는 데 방해가 될 뿐이다.

아동 강점 검사

검사일 : . . .   성명 :

문항/평정치	전혀 그렇지 않다	그렇지 않다	보통이다	그렇다	매우 그렇다
1. 혼자 있을 때도 전혀 심심하지 않다.	1	2	3	4	5
2. 알고 싶은 것이 있을 때는, 대부분의 내 또래 아이들보다 책이나 컴퓨터를 더 열심히 찾아본다.	1	2	3	4	5
3. 새로운 것을 배우면 무척 기쁘다.	1	2	3	4	5
4. 박물관에 가는 게 정말 싫다.	1	2	3	4	5
5. 친구들과 게임이나 놀이를 하는 도중에 문제가 생기면 그 원인을 금방 알아낸다.	1	2	3	4	5
6. 부모님은 언제나 내 판단이 틀렸다고 지적하신다.	1	2	3	4	5
7. 언제나 재미있는 새로운 아이디어를 제안한다.	1	2	3	4	5
8. 내 또래 아이들보다 상상력이 훨씬 더 뛰어나다.	1	2	3	4	5
9. 어떤 단체에 가입해도 그 회원들과 잘 어울린다.	1	2	3	4	5
10. 즐거울 때든 슬플 때든 화날 때든, 항상 그 이유를 알고 있다.	1	2	3	4	5
11. 어른들은 내가 나이에 비해 아주 어른스럽다고 말씀하신다.	1	2	3	4	5
12. 사람이 살아가는 데 정말로 중요한 것이 무엇인지 알고 있다.	1	2	3	4	5
13. 아무리 두려워도 내가 한 말을 끝까지 지킨다.	1	2	3	4	5
14. 설령 놀림감이 되더라도 옳다고 생각한 대로 한다.	1	2	3	4	5
15. 부모님은 언제나 내가 끝까지 잘했다고 칭찬하신다.	1	2	3	4	5
16. 목표를 이룩한 것은 내가 열심히 했기 때문이다.	1	2	3	4	5
17. 다른 사람의 일기나 편지는 절대로 훔쳐보지 않는다.	1	2	3	4	5
18. 곤경에서 빠져나올 수 있다면 거짓말이라도 할 것이다.	1	2	3	4	5
19. 새로 전학 온 친구에게 잘해주려고 노력한다.	1	2	3	4	5

문항/평정치	전혀 그렇지 않다	그렇지 않다	보통이다	그렇다	매우 그렇다
20. 부탁을 받지 않고도 자진해서 이웃이나 부모님을 도와드린 적이 있다.	1	2	3	4	5
21. 내가 누군가의 삶에서 가장 중요한 사람이라는 것을 알고 있다.	1	2	3	4	5
22. 형이나 누나, 사촌 형제와 심하게 싸우더라도, 나는 여전히 그들을 진심으로 사랑한다.	1	2	3	4	5
23. 동아리 활동이나 방과 후 활동을 하는 것이 정말 즐겁다.	1	2	3	4	5
24. 학교에서 실시하는 단체 활동을 정말 잘할 수 있다.	1	2	3	4	5
25. 설령 내가 싫어하는 사람이라도 그 사람을 공정하게 대한다.	1	2	3	4	5
26. 나는 잘못하면 언제나 그 사실을 시인한다.	1	2	3	4	5
27. 다른 아이들과 게임이나 운동을 할 때면, 아이들은 언제나 내가 주장이 되기를 바란다.	1	2	3	4	5
28. 친구들이나 우리 팀에 속한 아이들은 나를 주장으로서 신뢰하고 존경했다.	1	2	3	4	5
29. 필요하다면 비디오게임이나 텔레비전 시청을 당장에 그만둘 수 있다.	1	2	3	4	5
30. 항상 일을 늦게 한다.	1	2	3	4	5
31. 나를 위험에 빠뜨릴 것 같은 상황이나 친구들은 피한다.	1	2	3	4	5
32. 어른들은 내가 말이나 행동을 할 때 현명하게 선택한다고 말씀하신다.	1	2	3	4	5
33. 내가 말하기보다는 다른 사람들에게 말할 기회를 더 많이 준다.	1	2	3	4	5
34. 사람들은 나에게 잘난 척한다고 말한다.	1	2	3	4	5
35. 대부분의 내 또래보다 음악이나 영화 감상, 춤추기를 훨씬 더 좋아한다.	1	2	3	4	5
36. 가을에 나뭇잎 색깔이 변해가는 모습을 보는 게 기쁘다.	1	2	3	4	5

문항/평정치	전혀 그렇지 않다	그렇지 않다	보통 이다	그렇다	매우 그렇다
37. 내 생활을 생각할 때 고마워할 것이 많다.	1	2	3	4	5
38. 선생님께서 나를 도와주실 때 "고맙습니다"라고 말하는 것을 잊어버린다.	1	2	3	4	5
39. 학교 성적이 나쁘게 나오면, 항상 다음에는 더 잘 나올 것이라고 생각한다.	1	2	3	4	5
40. 이 다음에 아주 행복한 어른이 될 것 같다.	1	2	3	4	5
41. 사람은 저마다 특별한 존재이며 중요한 삶의 목적이 있다고 믿는다.	1	2	3	4	5
42. 불행한 일이 생기면 신앙심으로 극복할 수 있다.	1	2	3	4	5
43. 누군가 내 기분을 상하게 하더라도, 절대로 그 사람에게 앙갚음하려고 하지 않는다.	1	2	3	4	5
44. 사람들이 잘못했을 때 용서한다.	1	2	3	4	5
45. 아이들은 대부분 나랑 같이 놀 때 정말 재미있어 한다.	1	2	3	4	5
46. 친구가 우울해 보이거나 내 기분이 좋지 않을 때, 더 즐거운 분위기를 만들려고 일부러 재미있는 행동을 하거나 우스갯소리를 한다.	1	2	3	4	5
47. 내 삶을 사랑한다.	1	2	3	4	5
48. 아침에 눈을 뜰 때마다 새로운 하루를 시작한다고 생각하면 흥분된다.	1	2	3	4	5

◈ 아동 강점 채점표 ◈

* 문제지에 체크한 번호를 옮겨 적은 후 합산한다.

영역	문항 및 점수								
호기심	문항	1	2	계	공정성	문항	25	26	계
	점수					점수			
학구열	문항	3	4	계	지도력	문항	27	28	계
	점수					점수			
판단력	문항	5	6	계	자기통제력	문항	29	30	계
	점수					점수			
창의성	문항	7	8	계	신중함	문항	31	32	계
	점수					점수			
사회성 지능	문항	9	10	계	겸손	문항	33	34	계
	점수					점수			
예견력	문항	11	12	계	감상력	문항	35	36	계
	점수					점수			
호연지기	문항	13	14	계	감사	문항	37	38	계
	점수					점수			
끈기	문항	15	16	계	희망	문항	39	40	계
	점수					점수			
지조	문항	17	18	계	영성	문항	41	42	계
	점수					점수			
친절	문항	19	20	계	용서	문항	43	44	계
	점수					점수			
사랑	문항	21	22	계	유머감각	문항	45	46	계
	점수					점수			
시민정신	문항	23	24	계	열정	문항	47	48	계
	점수					점수			

지혜와 지식		정의감	
호기심		시민정신	
학구열		공정성	
판단력		지도력	
창의성		절제력	
사회성 지능		자기통제력	
예견력		신중함	
용기		겸손	
호연지기		영성과 초월성	
끈기		감상력	
지조		감사	
사랑과 인간애		희망	
친절		영성	
사랑		용서	
		유머감각	
		열정	

* 대개 9~10점 받은 항목이 5개 이하임. 최고강점. 4~6점 받은 것은 약점에 속한다.

출처: www.authentichappiness.org

아이의 기질 활용하기

체스와 토마스는 연구에서 아이들은 세 가지 기초적인 기질 별자리가 있다. 순한 아기, 까다로운 아기, 적응에 시간이 필요한 아기, 기타로 나눌 수 있다고 한다.

- 순한 아기-적응력이 뛰어나며, 먹고 배설하는 패턴이 규칙적이고 상황변화에 대개 긍정적으로 반응한다. 성격의 강도는 일반적으로 보통이다.
- 까다로운 아이-순한 아기의 반대이며 고집이 센 편이다. 성격의 강도는 대개 매우 높고 강한 편이다. 변화를 싫어하며 신체리듬이 불규칙하다.
- 적응에 시간이 필요한 아기-수줍음 타는 기질을 가진 아기들은 변화에 적응하는 데 시간이 걸린다. 변화에 대해서는 주로 울음으로 반응하지만 반응의 강도는 낮다.
- 기타-체스와 토마스의 연구대상이 된 아기들 가운데 40%는 순한 아기, 10%는 까다로운 아기 그리고 약 15%는 적응에 시간이 필요한 아기로 나타났다. 나머지 3분의 1은 주로 이 세 가지 특성에 모두 존재하는 모습을 보이는 군이다.

가령 내 아이가 까다로운 기질을 가진 아기라는 점을 인정하면 부모가 뭔가 잘못했거나 부모 노릇을 잘하지 못하고 있다는 불안감을 다소 덜 수 있다. 이와 같이 아이의 행동과 아이 놀이친구의 행동에 차이가 있다는 것은 둘 중 하나가 나쁘거나 건강하지 않다는 뜻은 아니다.

모든 부모의 핵심과제 중 하나는 아이를 이해하여 아이가 행복하고 건강한 삶을 최대한 누릴 수 있도록 해주는 것이다. 이를 위해서라도 아이의 기질을 이해하는 것은 도움이 될 것이다.

조용하고 예민한 아기의 경우에는 아기가 이끄는대로 따라가라. 한편 눈을 똑바로 쳐다보는 걸 좋아하지 않는 아기들이 많다. 싸우는 것 같기 때문이다. 이런 아기들은 눈을 똑바로 보지 말고 간접적으로 접근한다. 손이나 발을 가만히 쓸어주거나 포근하게 안아주는 등 부드러운 접촉을 하면 아기는 안정감을 찾을 것이다.

어떤 아기들은 좀 떨어져서 쓰다듬어 주는 것을 좋아하고 또 다른 아기들은 폭 안기거나 꼭 끌어안아주는 것을 좋아한다. 아기들은 장이 운동하는 시끄러운 소리가 들리는 뱃속에서 나온 터라 대부분 소음을 싫어하지 않지만 아주 작은 소리에도 잠에서 깨는 아기들도 있다. 어떤 아가들은 활력과 에너지가 넘치는 환경에서 잘 자라지만 또 어떤 아기들은 조용한 것을 좋아한다.

까다로운 아기는 대하기가 쉽지 않다. 무엇을 해도 아기를 즐겁게 해줄 수 없다면 부모는 뭔가 잘못하고 있다고 생각하기 쉽다. 하지만 그렇게 생각할 필요가 없다. 그것은 아기의 기질 때문이지 아기를 돌보는 방법 때문이 아니다. 이때도 부모가 시도해 볼 수 있는 방법이 몇 가지가 있다. 어떤 부모들은 아기와 신체 접촉을 늘리는 것이 도움이 된다고 말한다. 슬링이나 아기띠, 포대기 등을 이용해서 아기를 안거나 업어보라. 아기가 따뜻하게 옷을 입었는지, 배불리 먹었는지를 세심히 살펴보고 아기가 잘 때면 속싸개로 잘 싸준다.

아기의 성격을 바꿀 수는 없지만 아기가 태어나서 처음으로 접하게 되는 여러 경험들을 잘 조절할 수는 있다. 아기의 성격을 인정하고 받아들이며 이해해보라. 그리고 아기에게 자신감을 심어주고 자신의 타고난 성격을 이해하여 그것을 최대한 누릴 수 있도록 격려하는 환경을 만들어 주어야 한다(미국아동청소년정신과협회, 2009).

30 불장난 좋아하는 아이

▶▶ 일화

2000년대 세계적으로 핫했던 걸그룹 멤버처럼 굉장히 이쁘고 날씬한 중학교 1학년 여학생이다. 그런데 상담예약을 하고도 상담센터 주차장에서 내리지 않고 버티기 중이란다. 엄마는 당황해서 센터에 먼저 올라와 지갑과 가방을 던져두고 양해를 구한 다음 다시 아이를 설득하러 주차장에 내려간 지 다시 1시간이 지났다. 이미 예약시간보다 2시간이 경과된 상황이었다. 상담사가 주차장으로 내려갔고 운전석에 탔다. 아이는 내리라면서 소리를 지르기 시작했다. 상담사는 알겠고 집에 얌전히 도착하면 즉 엄마에게 자동차 문을 열고 뛰어 내리겠다는 등 협박을 하지 않겠다고 약속하면 내리겠다고 했다. 약속을 간신히 받아 내고 아이는 엄마와 다시 귀가했다. 일주일에 2회씩 상담을 하러 왔지만 기싸움만 하다가 가길 반복. 한 달이 지나고 나서야 말을 하기 시작했다. 여러 가지 질문들을 하기 시작했고 주로 성적 주제에 대한 질문이 많았다. 심지어 일본 포르노를 보고 와서는 체위를 물어보기도 했다. 6학년 땐 어떤 기억이 있는지? 5학년에 기억나는 일은? 등을 이야기하게 되었고 특히 5학년 때는 불장난을 좋아했다고 한다. 학교 뒤편 쓰레기장에서 불을 켜서 뭔가를 태우는 것이 굉장히 재미있어서 많이 했다고.

▶▶ 문/제/행/동/지/도

아이들이라면 누구나 불장난을 좋아한다. 3~5세 사이의 아이들은 소방관 놀이나 장난감 가스레인지를 가지고 요리하는 놀이를 통해서 그리고 불에 관해 질문하면서 '불에 대한 관심'을 표현한다. 더 큰 아이라면 성냥이나 초를 켜는 등 '불장난'을 시작할 수도 있다. 아이들은 친구들과 함께 놀다 보면 규칙을 잊어버린 채 불을 가지고 위험한 장난을 하게 될지도 모른다.

흔하지는 않지만 외적 스트레스나 정서적 불만이 '방화'로 알려진 행동장애로 나타나기도 한다. 이것이 반복되면 '방화벽'이라고 부르는 악의적이고 충동적으로 불을 붙이는 행동은 도벽, 공공기물 파괴, 무단결석 등 반사회적 행동 패턴인 반항적인 행위로 이어진다. 아이에게 불의 위험성을 분명히 이야기하고 아이의 행동에 대해 단호한 태도를 보여야 한다. 성냥과 라이터는 아이의 손이 닿지 않는 곳에 치운다. 아이가 불에 대해 과도한 관심을 드러내거나 불장난을 하고 싶은 자기 행동을 자제하지 못하여 파괴적인 행위로 이어질 가능성이 있을 땐 전문가의 도움을 받아야 한다. 현재 가정에 문제가 많아 아이가 극심한 스트레스를 받고 있다면 더욱 그렇다. 이런 아이의 행동은 도움과 관심을 간청하는 울부짖음일지도 모른다. 소아과나 정신과 의사의 검진을 받을 필요가 있다(미국아동청소년정신과협회, 2009).

병적 방화도 방화범 중 극히 소수에게만 해당된다. 병적 방화진단은 억제할 수 없는 충동이 해방감으로 바뀌는 전형적인 과거력이 있어야만 내릴 수 있다. 병적 방화 환자 중 적어도 80%가 남성이며, 종종 아동기에 방화행동이 시작된다. 그들은 불의 다양한 측면에 흥미가 있고, 거짓 경보를 울리기도 하며, 불을 구경하거나 혹은 소방관이 사용하는 도구를 모으기도 한다. 심지어 자원봉사 소방관으로 일하기도 하며, 그들 자신이 소방서의 최고의 고객이 되기도 한다. 병적 방화는 충동조절장애 범주로 분류되지만 이 환자들은 방화장소를 물색하거나 가연성 물질을 모으는 것과 같은 사전 준비를 하기도 한다. 게다가 그들은 마치 발각되거나 체포당하기를 원하는 것처럼 증거를 남기기도 한다. 방화를 하는 사람들은 자존감이 낮을 수 있고 알려진 바에 의하면 동료들과 잘 어울리는 데 어려움을 보이는 경우가 많다. 이런 사람들 사이에서 품행장애, 반사회성 성격장애, 물질 오용과 불안장애의 동반 여부를 잘 살펴보아야 한다(Morrison 저, 신민섭 외 11인 역, 2015).

DSM-V의 진단기준에 의한 특징은 다음과 같다.

A. 1회 이상의 고의적, 의도적 방화를 함

B. 행위 전의 긴장 또는 정서적 흥분을 느낌

C. 불 및 불의 상황적 맥락(예시: 장비, 사용, 결과)에 대해 매혹, 흥미, 호기심, 매력을 느낌

D. 방화할 때나 방화의 여파를 목격하거나 참여할 때의 기쁨, 만족, 안도감을 느낌

E. 방화는 금전상 이득을 위해 사회정서적 이념의 표현으로 범죄활동을 은폐하

기 위해 분노나 복수심을 표출하기 위해 생활환경을 개선하기 위해, 망상이 나 환각에 대한 반응으로, 판단력 손상의 결과(예시: 주요 신경인지장애, 지적 장애, 물질 중독)로 행해진 것이 아님

F. 방화는 품행장애, 조증 삽화, 반사회성 성격장애로 더 잘 설명되지 않음(이순민, 2014)

원인은 정신분석적 입장에서 성적 욕구를 해소할 수 있는 대체수단으로 불을 지르게 된다고 본다. 불의 상징적 의미에 대해 성적 흥분을 연상시키거나 복수심 또는 다른 사람과의 의사소통을 하고자 하는 방식으로 나타날 수도 있다. 방화증의 치료방법은 과학적 연구나 체계적인 자료가 거의 없기 때문에 치료자들은 정식역동치료나 행동치료를 활용한다(김유숙, 2012).

31 도덕성이 경쟁력인 아이

▸▸ 일화

우리 아파트 정문 앞엔 무인 아이스크림 가게가 있다. 아이스크림을 고르고 돈을 지불하는 동안 CCTV 말고는 사람이 없다. 자주 그곳에 가지만 사람이 별로 없어서인지 아이스크림을 그냥 돈도 안 내고 집어 가는 아이를 본 적은 없다. 그런데 얼마 전 뉴스에 무인 문구점에서 문구류를 600만 원어치나 훔친 초등학생 여자아이 둘에 대한 보도가 있었다. 무인 문구점을 운영하는 가게 주인이 훔친 아이들의 부모와 협의가 잘되지 않아 억울함을 호소하는 내용이 커뮤니티에 등장해서 알려지게 된 것이다. 사람들은 '고가를 판매하지도 않는 문구점에서 어떻게 아이들이 600만 원어치나 물건을 가져가지?'라고 의구심을 자아냈고 왜 아이들이 그렇게 두 달여 동안 훔치는 동안 가게 주인은 방치를 한 것인지 등등

▸▸ 문/제/행/동/지/도

여기 유명한 실험을 소개하고자 한다. 미국 스탠포드대학의 월터 미셸 박사는 자기가 하고 싶은 것을 조금 참았다가 할 수 있는 능력, 즉 만족지연 능력이 인생에 미치는 영향을 연구하기 위해 '머시멜로 실험'을 진행했다. 그는 아무것도 없는 넓은 방에서 4세 유아 600명에게 머시멜로를 나누어 주었다. 단 지금 먹어도 괜찮지만 자신이 잠깐 바깥에 다녀 올 동안 먹지 않고 기다리면 하나씩 더 주겠다는 단서를 덧붙였다. 그 결과 아이들의 모습은 확연히 구분되었다. 박사가 뒤돌아서자마자 먹는 아이, 망설이면서 눈치를 보다 먹는 아이, 하나를 더 얻기 위해 눈을 감고 꾹 참는 아이.... 그리고 3분의 2가량은 머시멜로를 먹지 않고 기다렸다. 이 실험의 백미는 '15년 후'다. 세월이 흘러 대학에 들어갈 무렵이 된 아이들을 추적 조사했더니 결과는 놀라웠다. 먹고 싶다는 욕구를 참지 못한 아이는 작은 어려움에도 쉽게 좌절하고 포기하는 일이 많았다. 대인관계도 제한적이었으며 스트레스로 인해 소극적인 학교생활을 보냈다. 반면 욕구를 잘 참아낸 아이는 학교에서나

친구들 사이에서 적극적이고 원만한 생활을 하고 있었으며 인기도 많았다. 두 부류의 차이는 성적에서 더욱 드러났다. 미국 대학입학자격시험인 SAT에서 두 부류의 점수 차이는 125점이나 되었다. 먹고 싶다는 욕구를 참지 못한 아이들이 500점대 점수를 얻은데 비해 자신의 욕구를 자제한 아이들은 600~700점대 점수를 기록했다. 이 실험은 아이의 만족지연능력이 사회성과 성취도에 얼마나 중요한 영향을 미치는지에 대한 실험이었다.

도덕성의 3요소 중 하나인 '인지'에는 자제력, 책임감, 분별력, 공정성 등이 내포되어 있으며, 자제력은 바로 만족지연 능력과 맞닿아 있다. 유혹이나 충동적 행동을 자제할 수 있는 아이들은 도덕성이 높으며, 도덕성이 높은 아이들이 학습 성취도 또한 높다는 사실은 우리에게 시사하는 바가 크다.

만족지연능력을 키워주기 위해서는 아이에게 성공의 경험을 맛보게 하는 것이 필요하다. 노력으로 성공을 얻은 아이들은 그 기쁨을 또 경험하기 위해 수고와 노력을 아끼지 않는다. 이제 초등학생 1학년생에게 막연히 공부 열심히 해서 좋은 대학 가라고 부추기는 것은 다소 요원하다. 승급심사를 통과하면 도복 띠 색깔이 바뀌는 태권도나 기초부터 바이엘, 체르니 순으로 한 단계씩 올라가는 피아노처럼 성실한 과정과 실력이 상승하는 즐거움을 자주 맛보게 하는 과정이 필요하다.

아이가 좋은 성적을 이뤘을 때도 그 결과 자체보다는 노력하는 과정에 대해 칭찬하는 것이 만족지연능력을 높이는 데 더 효과적이다. 편법이나 요행이 아니라 정당한 땀의 대가로 인한 성공은 그만큼 값어치 있다는 것을 알려주어야 한다. 이것은 아이에게 동기부여가 되면서 또 다른 목표를 위해서도 열심히 노력하겠다는 마음을 갖게 한다.

곽금주 교수의 말대로 도덕성이 높은 아이들이 갖는 덕목, 즉 만족지연능력은 장래의 성공을 가져다주는 핵심키워드이다. 우리가 살아가면서 만나게 되는 여러 가지 유혹이나 충동을 이기거나 절제할 수 있다면 인생에 있어 더 의미있는 것들을 성취하는 것은 어렵지 않다(EBS제작팀 정지은 외, 2010).

32 과잉행동, 공격성은 낮은 도덕성 탓이다

▸▸ 일화

아이는 오늘도 유치원에서 친구를 때렸다. 유치원 담임교사가 엄마에게 전화를 해서는 ADHD가 의심되니 전문가에게 진단을 받아 보라고 한다. 교사는 자신의 지시를 잘 따르지 않고 이유를 설명하길 요구하고 차례지키기도 안 되고 한 번에 지시를 따르는 경우가 없어서 고단하다고 한다. 전문가 진단 결과 ADHD라기보다는 규칙 위반과 공격성이 특징으로 진단되었다. 내년이면 초등학교 입학인데 부모는 상당히 걱정이 된다고 한다. 학교에 잘 적응할 수 있을지 초등학교 담임교사에게도 유치원 때처럼 전화를 받을까 봐 벌써부터 걱정이라고 한다.

▸▸ 문/제/행/동/지/도

도덕성이 낮은 아이들은 집중력이 낮았고 또래 문제에서도 어려움을 겪는다. 더욱 놀라운 것은 엄마들의 고민거리 중 하나인 과잉행동이나 문제행동 역시 더 많이 표출된다는 것이다. '도덕성 변인에 관한 연구'에서 도덕지수가 낮은 아이들은 공격성 역시 높은 점수를 보였다.

과잉행동에 대한 질문, '누군가가 내가 싫어하는 것을 한다면 소리 지를 것이다'라는 질문에 대해 도덕지수 상위 30%의 점수는 8.07, 도덕지수가 하위 30%의 점수는 9.61로 나타났다. 공격성에 대한 질문 '화가 난다면 그들을 때릴 것이다'라는 질문에서도 도적지수 상위 30%의 점수는 12.61, 도덕지수 하위 30%의 점수는 17.46으로 높은 편차를 드러냈다. 왕따 가해에 대한 질문, '고의로 어떤 아이를 놀이에 빼놓았다'는 질문에서도 도덕지수 상위 30%의 점수는 4.75, 도덕지수 하위 30%의 점수는 10.95로 차이가 컸다.

아들을 둔 엄마라면 아이가 초등학교에 입학하기 전 한두 번쯤은 우리 아이가 과잉행동장애는 아닐까 의심하곤 한다. 왕따 문제는 어떨까 특히 중고생들 사이에서의 집단 따돌림 현상은 사회문제로까지 대두될 정도이다. 내 아이는 예외일 것이라고 장담할 수 없다. 이런 현상의 이면에는 텔레비전, 비디오, 컴퓨터 게임 같은 매스미디어가 미치는 악영향도 있지만 도덕성 문제로 살펴보면 자아를 통제하거나 충동을 조절하는 능력이 부족한 탓이다. 결국 유아기 때부터 도덕성의 일부인 자제력, 만족지연능력 등을 길러 주지 못한 부모의 양육태도에서도 원인을 찾아볼 수 있다.

가장 대표적인 것은 지나친 방임과 과잉보호로 아이가 원하는 것을 하도록 방치하거나 무조건적으로 허용하는 경우다. 아이가 갖고 싶다고 하는 것, 하고 싶다는 것이 있을 때 즉각 욕구를 해결해 주는 경우, 아이가 원하는 것을 말하지 않았는지 또 부모가 미리 쏟아 붓는 경우에도 아이는 자신의 욕구를 자제하거나 만족을 지연시키는 방법을 모르게 된다. 자신이 원하는 것, 하고 싶은 것을 어떤 대가나 조정의 과정 없이 획득하게 되면, 아이는 그때그때마다 자신의 욕구를 충족시키는 것이 당연하다고 여긴다. 잘못을 했더라도 나무라지 않는 부모의 그릇된 애정은 어떤 행동이 잘못된 것인지 판단할 능력조차 빼앗아 버린다. 충동을 조절할 수 있는 자제력과 점차 거리가 멀어진다. 지나친 방임과 과잉보호는 아이에게 타인의 욕구는 전혀 안중에 없게 만든다. 오로지 자신의 욕구를 위해 타인을 괴롭히거나 이용하게 하는 것이다.

반대로 아이의 욕구를 지나치게 억압할 때도 과잉행동, 공격적인 행동을 보일 수 있다. 지나친 억압은 아이가 어릴 때는 효과적인 것처럼 보이지만 아이가 자라면 욕구가 또한 다양해지고 커지게 마련이다. 아이는 반항이나 보복심리로 또는 자신이 원하는 것을 얻기 위해 충동적, 공격적 행동을 하게 될 수 있다. 왕따의 가해자가 되는 것 역시 공격성을 표출하는 형태다. 이렇듯 통제 불가능한 아이에게는 충동조절능력이 낮다. 결국 도덕성과 연관된 문제인 것이다(EBS제작팀 정지은 외, 2010).

33 자신감 있는 아이!(저 잘하죠!!!)

▸▸ 일화

탁구해요. 아이는 오늘도 탁구를 하자고 한다. 규칙은 자신이 맘대로 정한다. 항상 자신이 이기도록 편법과 반칙을 일삼는다. 탁구공을 밀어서 중심선을 넘으면 이기는 걸로 하자고 한다. 결국 아이가 이겼다. "그러자 저 잘하죠? 엄청 잘하죠. 탁구 오늘 처음 했는데..."

▸▸ 문/제/행/동/지/도

언제나 인정받고자 하는 아이이다. 확인하고 또 확인한다. 자신이 잘하는 것을. 반칙도 밥 먹듯이 한다. 이길 때까지 게임을 계속한다. 처음 만난 사람과 처음 하는 게임에서도 무조건 반칙을 해서라도 이겨야 한다. 이런 아이들은 자존감이 낮은 경우가 많다.

자존감이 낮은 사람의 증상

- 역기능 대화를 하게 된다: 자신들의 감정과 느낌에 충실한 상태로 대화를 하기 어렵기 때문에, 대화의 내용을 이중으로 상대방에게 전달을 하며, 낮은 자존감을 숨기기 위해서 다른 사람을 위로하거나, 비난하거나, 혹은 전혀 관계하지 않거나 혼란시키는 등의 방법들을 사용한다(신경옥, 2007).
- 부정적인 시각으로 바라본다: 자신의 능력을 스스로도 믿지 못하고 다른 사람의 호의나 주변 환경의 본질을 제대로 받아들이지 못한다. 이들은 이기적이고 협소한 눈으로 세상을 보고, 심한 불안과 실망에 사로잡혀 인생의 의미를 잃고 여러 정신병적 증상을 나타내며 자살을 기도하기도 한다.
- 타인에게 인정을 받으려고 한다: 허풍과 과장으로 자신의 능력이나 가치를 다른

사람들에게뿐만 아니라 자기 자신에게까지 과장하여 믿게 하려 애쓴다. 사랑과 인정을 조건부라고 생각하며 자신에게 어떤 특출한 장점이 있어야만 그것 때문에 다른 사람들이 자신을 사랑해 줄 것이라고 생각하기 때문이다.

- 자신을 싫어하고 혐오하게 된다: '나는 뭘 해도 되는 게 없다'와 같은 스스로 자신을 경멸하는 언사를 사용한다. 또 스스로 허약하고 남에게 짐이 되는 존재라고 생각하며, 자신의 약점에만 마음을 써 실패한 부분에 지나치게 빠져든다. 자기에 대한 확신감이 떨어져서 자기를 경멸하게 돼 우울증이 발병한다. 쉽게 울고, 주의 집중할 수가 없고, 생각은 길고 논리적으로 할 수 없다. 불면증이 생기고 입맛도 없어진다. 개인적으로 성공했어도 스스로에게 만족하지 못한다.
- 완벽주의적 성향을 지닌다: 자신을 신뢰할 수 없기 때문에 계속해서 자신이 한 일을 확인하려 한다. 그래서 지나치게 민감하게 반응하며 일을 완벽하게 해냄을 통해 자신에 대한 가치를 남에게 인정받으려 한다. 또한 이들은 타인이 일을 완벽하게 해 내지 못했을 때 타인을 비난함을 통해 자신을 높이려 한다.
- 남을 헐뜯는다: 다른 사람의 허물을 찾아내서 꼬집어 비판함으로써 그와 같은 상태를 이겨 내려 하는 것이다. 그러나 실제로는 다른 사람에 대한 비난이 자기 자신에 대한 비난이며, 그런 사람은 자기가 그렇지 않다는 것을 다른 사람에게 투사하고 있는 것에 불과하다(신정옥, 2007).

자존감의 형성 요인

자존감은 중요한 타인들과의 상호작용을 통하여 긍정적으로 또는 부정적으로 형성하게 된다. 즉 양육자가 어떻게 양육을 했느냐에 따라 그리고 형제나 또래집단과 어떤 관계를 맺었느냐에 따라 자존감이 달라진다. 더불어 그 시대의 사회적인 가치관과 개인의 성격적인 영향도 자존감에 중요한 영향을 준다.

● 영아기(출생에서 2세까지)

5~9개월 사이에 자신을 분리된 존재로서 인식하며 자아감을 형성하기 시작한다. 자존감을 발달시키기 위해서는 영아기에 제1 양육자와 애착을 발달시켜야만 한다. 가장 중요한 변인은 어머니의 민감성이며 이것은 영아가 어머니에게 보내는 신호를 일관되게 지각하고, 정확히 해석하며, 그에 대해 유관된 적절한 반응을 보이는 것이다.

영아기에 안정애착된 아동은 자신이 유능하고 효율적인 존재라는 내적 작업 모델을 발달시켜서 대인관계에서 보다 긍정적이고 친사회적인 관계를 맺을 수 있다.

반면 제 1 양육자와 강한 유대감을 발달시키지 못한 아동은 불안정 애착된 아동은 자신을 가치 없고 사랑스럽지 못한 사람으로 지각하고, 타인이 자신을 거부하는 것으로 내적 작업 모델을 형성한다. 이러한 내적 작업 모델은 자존감과 대인관계에 좋지 못한 결과를 가져와, 낮은 자존감 형성의 원인이 된다.

● 유아기

2~3세 아동은 자아상을 신체적 특성과 운동 수행을 중심으로 형성한다("나는 발이 크다. 나는 빨리 달릴 수 있다"). 4~5세 아동은 자신을 신체 부위보다는 신체적인 활동의 입장에서 기술한다("나는 공을 잡을 수 있어요").

이 시기에는 제한된 환경에서 살기 때문에 적절한 사회적 기준을 갖지 못하므로 자존감이 또래들과의 상대적인 비교에 의해서 영향을 받지는 않는다.

유아기의 내적 자존감을 발달시키기 위해 아동이 습득해야 할 기술이 여러 가지 있겠지만 그중에서도 자율성, 자아충족감, 분노 감정의 통제를 습득하는 일이 매우 중요하다. 이러한 목적을 달성하기 위해서 부모는 자율성발달을 장려하는 기회를 제공하고, 아이들이 통제감, 자신감, 유능감을 갖도록 돕는 것이 필요하다(신경옥, 2007).

● 아동 중기(7~12세)

자기 묘사는 구체적이고 관찰 가능한 특성에 주로 중심을 두며, 자신의 주변과 기질에 대한 언급을 한다. 사회적 자아평가가 나타나기 시작하여 자신을 친절하거나 다정다감하거나 수줍어하는 정도로 표현하기도 한다.

- 사회적 자존감: 효과적인 또래관계의 성립 및 학교에서의 적응은 높은 자존감을 형성하기 위해서 아동 중기에 숙달해야 할 중요한 발달 과제이다. 다른 아이들과 잘 지내는 법을 배우는 것은 사회적 자존감에 크게 이바지하며 미래의 적응에도 아주 중요하다.
- 학업적 자존감: 대다수의 아동이 유치원에 입학하거나 초등학교에 입학할 당시에는 자신이 영리하며 유능하다는 긍정적인 감정을 가지고 학교공부를 시작한다. 이때는 자신이 무엇이든 성취할 수 있다고 믿는다. 자신의 학업성취에 대해서

높은 기대를 가지고 있으며 자신의 능력을 높이 평가한다. 실제로 대다수의 유치원 아동이나 초등학교 1학년생은 자신이 학업성취도가 최상위이거나 상위라고 생각한다. 그러나 이런 아동들이 초등학교 4학년이 되면 학교를 싫어하고 학교에 가는 것을 좋아하지 않는다.

어떻게 하면 아동이 계속해서 학업적인 면에서 자신에 대해서 좋은 느낌을 가지도록 도울 수가 있을까? 아동이 실패보다는 성공을 많이 경험하고, 학업상황에서 자신에게 일어난 일에 대해 통제감을 느끼고, 조직적이고, 책을 잘 읽고, 공부를 잘하고 못하는 것은 자신의 노력 여하에 달려있다고 믿으며, 숙제를 하고, 동기화가 되어 있고, 부모가 아이의 학업에 참여하고 높은 기대를 가지며 아이가 잘 할 수 있으리라 믿어주는 것이다.

※ 낮은 자존감에 영향을 주는 요소들

- 부모의 영향: 부모와 만족스러운 정서적 관계를 형성한 유아들은 자기 자신을 사랑 받을 수 있는 존재로 지각한다. 이들은 어른이 되어서도 자신감과 자존감이 높을 뿐 아니라 원만한 대인관계를 형성하게 된다. 그렇지만 어린 시절 부모의 완전주의적인 양육방식과 방치, 거절, 학대 등의 경험은 유아의 무의식 속에 깊이 기억되어 성인이 되어서도 낮은 자존감을 갖게 하는 중요한 원인이 된다.
- 친구 및 동료: 점점 성장해가면서 부모보다는 친구나 동료들에게 더 의존하게 되므로 이들로부터 자존감 형성에 영향을 받는다. 특히 청소년기는 자신이 속해 있는 또래 집단을 통해서 자신의 모습을 비교하며 자신을 판단하기 때문에 친구로부터 받는 영향력은 매우 크다. 또한 친구들이 하는 말이나 행동 또한 개개인의 자존감 형성에 영향을 미친다. 낮은 자존감을 가지 사람과의 피드백은 그들의 자존감을 형성하는 데 부정적인 영향을 가져온다.
- 유전적인 영향: 유전적으로 이어지는 외모나 성격 등은 자존감 형성에 큰 영향을 미치는 것으로 볼 수 있다. 그러나 사실 자신의 외모나 성격에 대한 불만족이 원인이 되는 것이 아니라, 낮은 자존감으로 인해 자기 스스로 열등한 요인을 수집한 것에 불과하다.
- 완전주의의 영향: 부모 혹은 선생님 등 영향력 있는 사람이 은연중에 완전주의로 향하도록 반복해서 메시지를 보낼 수 있다. 이러한 것들은 겉으로는 긍정적이지만

안으로는 부정적인 의미들을 숨기고 있다. 예를 들어, '좀 더', '실수가 없어야 한다', '단점을 극복하기 위해 열심히 노력해라', '놀라지 말라', '최고가 돼라' 등의 말들은 높은 목표만을 제시하여 도달하지 못하는 사람에게 죄책감과 절망감을 유발시킴으로써 낮은 자존감을 형성하게끔 한다.

- 사회적 영향: 대중매체는 사회적 가치관에 많은 영향을 주어 사람들의 의식 속에 그대로 침투하게 되고, 그것을 토대로 다른 사람과 자신의 모습을 판단하며, 잘못된 가치관을 가지고 그것이 옳은 것처럼 느끼며 살아가고 있다. 현대인은 그 사회의 가치관에 따라 가기 위해 많은 시간을 투자하고 그것에만 집중한 나머지 텅 빈 마음은 뒤로하고, 사회에서 요구하는 외적인 면만을 기준으로 삼아서 자신의 모습에 실망하고 괴로워하는 모습을 보이게 된다(신경옥, 2007).

34 인지치료와 우리 아이

▸▸ 일화

전화로 부모상담을 예약하고 내원한 모친의 아이는 틱문제로 정신과에 내원해서 약물치료와 놀이치료를 진행 중인 6학년 여학생이다. 틱문제로 약물치료한 지는 약 1년 정도 지났으나 최근에 담당의사로부터 인지치료를 하라는 권유가 있었다고 한다. 불안이 높은 아이고 사춘기적 특성이 반영되어 우울증도 동반된 것으로 보여서 그냥 심리치료를 지속적으로 병행하면 좋을 듯한데 왜 굳이 인지치료일까? 그것도 인지행동치료가 아닌 인지치료를 권유받았다고 한다. 일단 인지치료에 대해 설명하고 상담을 마쳤다.

▸▸ 문/제/행/동/지/도

이렇게 이미 다른 기관에서 치료를 진행 중이거나 치료경험이 있는 경우에 상담자에게 예견되는 몇 가지 어려움이 있다. 물론 치료경험과의 비교가 쉽게 되므로 치료적 압박감이 있고 위의 사례처럼 아예 보호자가 치료적 접근법을 단정 짓고 내원하는 경우도 힘들다. 물론 모든 전문가의 치료법이 일치할 수 없는 것은 당연하지만 이렇게 다른 전문가의 소견을 확인도 할 겸 내원하는 경우는 담당자는 힘들 수밖에 없다. 비전문가인 보호자에게 인지치료를 설명하는 것에도 한계가 있고 담당자의 소견에 따라 인지치료에 대한 접근이 반드시 일차적 처방일까 하는 생각도 들기 때문이다. 그러면 그냥 기존에 치료를 진행 중인 기관과 지속적인 치료를 하는 것이 가장 좋은 대안일 텐데, 사정상 거리가 너무 멀고 비용적인 면 등 여러 가지 이유로 치료기관을 바꾸어야 할 경우는 난감한 것이다. 그래서 과연 인지치료에 대해 어떤 설명이 좋을까하는 생각이 들어서 정리해 보기로 한다.

- 인지치료는 내담자들이 자신들의 문제에 맞서기 위한 대안적인 관점을 갖도록 돕는다.

- 특정 사건에 대한 사람의 감정적 반응을 이해하기 위해서는 그 사람이 부여하고 있는 의미, 즉 현실에 대한 그 사람의 주관적인 해석이 무엇인지를 찾아내는 것이 중요하다.
- 감정적 고통을 경험할 때는 정보처리가 왜곡될 수 있다. 인지치료는 "심리적 고통을 경험하는 동안 사람들의 생각은 경직되거나 왜곡되고 자신의 판단을 과잉 일반화하거나 절대적인 것으로 받아들이게 되며, 자신 및 세계에 대한 기본적인 믿음이 고정된다"고 간주하는 정보처리모델에 기반을 두고 있다 (Weisharr, 1996, 1988, 재인용).

감정이 동요되면 사람들은 자기 생각에 지속적으로 부정적인 편견을 끌어들여 정보처리를 왜곡시킨다. 그 결과 생각이 경직되고 과잉 일반화에 빠진다. 예를 들면, 어떤 사람은 친구로부터 초대받지 못하게 되자 마음이 상했다. 왜냐하면 그녀는 초대받지 못한 것을 스스로가 호감을 주지 못하는 사람이라는 의미로 해석하였기 때문이다. 초대받지 못한 이유를 확인하려 하거나 그에 대해 마음을 열어 두기보다는 자신이 좋아할 만한 사람이 아닐지도 모른다는 가정을 고수하는 것이다.

[정보처리의 오류]

- 흑백논리: 상황을 이것 아니면 저것의 관점으로만 본다.
  예 '모' 아니면 '도' 식으로 1등하면 성공한 자, 꼴등은 실패자 등의 생각
- 성급하게 결론 내리기: 섣부르게 판단한다.
  예 소개팅에서 한번 퇴짜를 맞았는데 이제 난 결혼은 못할 거야. 남자들이 모두 날 싫어해 등
- 독심술: 어떤 근거도 없이 다른 사람의 생각을 추측한다.
  예 상사가 오늘 아침에 나를 보고 웃지 않는 것을 보니 내가 한 일이 맘에 안 드는 모양이군.
- 꼬리표 붙이기: 행동이 아니라 사람 자체에 꼬리를 붙인다.
  예 시험에 실패했기 때문에 나는 실패자야

• 감정적 사고: 감정을 사실로 받아들인다.

예 스스로 무능하게 느껴지는 것을 보니 내가 무능한 것이 확실해.

출처: Michael et al 저, 이종호 외 역(2017)

최근 중학교와 고등학교에는 청소년을 위한 상담실이 설치되었고, 전문 상담교사가 배치되어 점점 확대되어 가고 있다. 교육현장에서 일어나는 다양한 형태의 심리적, 행동적 갈등과 어려움에 대하여 상담교사와 상담을 통하여 바람직하고 긍정적인 성과를 이루어내려고 노력하고 있는 일은 매우 바람직하다고 할 수 있다. 그러나 온종일 어린이집에서 부모와 분리되어 하루를 보내고 있는 아동들에게 정서적·심리적 안정감은 대단히 중요함에도 불구하고 인식이 부족한 실정에 있음으로 인하여 매우 안타깝게도 어린이집에서는 아동상담사 배치나 상담실을 설치하는 일에 대해서 아직도 전무한 상태에 있다.

본 연구결과를 보면, 부모의 어린이집의 아동상담 활동을 방해하는 가장 큰 요인으로는 어린이집 관계자나 보육교사들의 아동상담의 중요성 인식 부족이 가장 많이 나타났으며, 부모가 인식하는 어린이집의 아동상담 활동이 활성화되기 위해서 가장 시급한 문제로는 전문적인 자질을 갖추기 위한 상담연수가 필요하다고 가장 많이 나타났다. 이러한 문제를 해결하기 위해서는 보육교사에게 전문적인 아동상담 연수 프로그램 및 교육을 정기적으로 실시하고 재교육을 통하여 인식수준을 유지하도록 하여야 한다.

아동상담은 전문적인 교육과 훈련을 받은 상담자에 의해서 제공되는 전문적인 활동이며, 상담자는 아동을 긍정적이고 바람직한 방향으로 변화시킬 책임을 지고 수행하는 전문적인 관계인 것이다. 따라서 아동상담자는 아동상담에 대한 폭넓고도 전문적인 지식과 기술을 갖춰야 한다고 할 수 있다. 그러므로 어린이집에서 아동상담의 중요성 홍보 상담업무를 위한 보육교사의 과다한 업무 축소와 보육실습 시, 아동상담 부분 강화로 상담에 대한 인식강화를 유도해야 한다. 아울러 지역사회에 있는 대학교나 관련 기관에서 적극적으로 프로그램을 개발하여 재교육을 실시하고 다양한 홍보 전략을 세워 부모와 가정에 상담 관련 필요성을 인식시키고 적극적으로 활성화하도록 하여야 할 것이다. 또한 어린이집 내에 상담실을 설치하여야 하며, 아동상담을 할 때는 지속적인 상담과 함께, 아동 특성 파악 후, 아동을 배려한 상담이 이루어져야 할 것이다(박은주, 오숙자, 2012).

아동정신건강, 아이들에게 절대 해서는 안 되는 4가지 언어

● **괜찮아요. 엄마도 엄마가 처음이잖아요.**

대부분의 부모들은 아침에 일어나 이렇게 다짐합니다.

"오늘은 아무 일 없이 야단을 치지도 않고, 말다툼을 벌이지도 않고, 싸우지도 말아야지."

그러나 이내 원치 않았던 전쟁은 벌어지고 맙니다. 소소한 일들 속에서 잊을 만하면 충돌이 터지고, 느닷없이 위기가 발생하여, 대응을 요구합니다.

부모의 대응에는 결과가 뒤따릅니다. 적당했든 적당하지 않았든, 그것은 우리 아이의 자존심과 인격에 영향을 끼칩니다.

● **아동정신건강이 중요한 이유-임상심리학적 관점**

"선생님, 우리 아이가 갑자기 학교에 가지 않는다고 하네요. 요구대로 다 들어줬는데 도대체 엄마한테 왜 이럴까요?"

"시도 때도 없이 자지러지게 울면서 떼쓰는 저희 아이를 어떻게 해야 할지 도무지 모르겠어요."

"툭하면 학교, 동네 친구들이랑 싸우고 와서 죄송하다는 말을 몇 번이나 하는지 몰라요."

"저희들은 어릴 때 안 그랬던 것 같은데, 우리 아이는 왜 이렇게 엄마의 마음을 몰라줄까요?"

아동의 우울은 성인의 우울과 전혀 다른 양상으로 나타납니다. 가장 일반적으로 알려진 견해는 "가면성 우울(masked depression)"입니다.

어른들은 자신의 기분을 알아차릴 수 있고, 적절하게 언어로 표현할 수 있지만 아이들은 언어화하는 능력이 아직 부족합니다.

우울한 기분을 흔히 무단결석, 가출, 반사회적 행동, 발작적 분노 등으로 위장합니다.

성인의 경우, 가장 대표적인 우울증상은 무쾌감증(anhedonia)입니다. 성적 쾌감의 상실, 혹은 직업 상황에서의 성공에 대해서도 긍정적으로 반응하지 않게 됩니다.

그러나 아동의 경우, 무쾌감증은 주로 놀이 활동의 감소, 지루하다는 불평 등으로 나타납니다.

혹은 급작스럽고 급격한 학업 수행 저하, 친구들과 갑자기 말싸움을 하거나 집에서 반항적인 모습을 보이는 행동으로 나타날 수도 있어요.

아동기는 정서나 행동 조절을 하는 데 중요한 역할을 하는 전전두엽 피질(Prefrontal Cortex; PFC)이 아직 발달하는 단계입니다. 그렇기 때문에 고통스러운 감정을 처리하는 데 필요한 인지적 자원이 부족할 수밖에 없죠.

● 아동정신건강을 위한 의사소통 기술

아이의 욕구와 감정에 민감한 보살핌의 언어로 말할 때, 부모들은 좀더 친밀하게 가슴에 호소할 수 있다. 이는 아이들이 자기 자신에 대해 긍정적인 이미지를 키울 수 있게 하고, 곧 스스로를 자신감 있고 확신에 찬 존재로 바라볼 수 있게 하고, 동시에 존중하고 존경하며 부모를 대하는 태도를 가르치는 데 도움이 된다.

– 〈부모와 아이 사이〉 하임 기너트. 양철북

지혜의 출발점은 아이의 말에 귀를 기울이는 것입니다. 아이가 말로 전하려고 했던 감정에 집중해 보세요. 아이가 느끼고 경험하는 것을 있는 그대로 인정해 주세요.

아이의 지각은 틀릴 수 있습니다. "그건 아니란다"라며 사실을 있는 그대로 가르쳐 주기보다는, 아이의 경험을 이해하고 공감해 주셔야 합니다.

● 아동정신건강을 위해 4가지만 주의해주세요!

1. 외면하는 말: 진심으로 하는 말이 아닐 거야. 넌 동생을 귀여워하거든.
2. 부인하는 말: 네가 그럴 리 없어. 일진이 좋지 않아서 기분이 나쁜 거야.
3. 억누르는 말: 한 번만 더 싫어한다고 말해 봐. 혼내줄 거야. 착한 아이는 그런 생각하는 거 아냐!
4. 숨기는 말: 동생이 미울 수도 있지만 진짜로 미워하지는 않을 거야. 우리 집에서는 미워하면 안 돼. 사랑하기만 해야 해.

출처: 아동정신건강, 아이들에게 절대 해서는 안 되는 4가지 언어
https://blog.naver.com/yh_psy_20/222081175000

참고문헌

강경미, 강란혜, 송주미(2006). **아동상담**. 대왕사.

강문희, 김매희, 현태옥(2018). **아동상담의 이론과 실제**. 공동체.

김순혜(2001). **아동상담**. 학지사.

김유숙(2012). **아동과 청소년의 심리치료**. 학지사.

김춘경(2004). **아동상담**. 학지사.

김춘경(2007). **아동상담: 이론과 실제**. 학지사.

김희태, 김선희(2019). 유아의 거짓말에 관한 이해. **열린유아교육연구**, 24(6), 211-238. 열린유아교육학회.

노성덕(2013). **전문상담교사길라잡이**. 학지사.

노안녕(2005). **상담심리학의 이론과 실제**. 학지사.

데일리 라이프 포스트(2016). https://naver.me/xhAGp43V.

마틴셀리그만 저, 김인자 역(2009). **마틴 셀리그만의 긍정심리학**. 도서출판 물푸레.

미국아동청소년정신과협회 저, 권상미역(2009). **당신의 아이**. 위즈덤하우스.

박경애, 김혜원, 주영아(2010). **청소년심리 및 상담**. 공동체.

박성희(2001). **동화로 열어가는 상담이야기**. 학지사.

박은주, 오숙자(2012). 아동상담의 실태와 부모 인식에 따른 활성화 방안. **한국보육학회지**, 12(1), 79-94. 한국보육학회

스마트쉼센터(2022). https://www.iapc.or.kr/kor/index.do

신경옥(2007). 청소년의 자존감 강화를 위한 프로그램 개발. 서울신학대학교 대학원 석사학위논문.

양명희(2021). **행동수정이론에 기초한 행동지원**. 학지사.

오승아, 황성원, 김경희, 조현주, 권정임(2018). **아동심리와 상담**. 창지사.

이숙, 최정미, 김수미(2004). **현장중심놀이치료**. 학지사.

이순민(2014). **정신건강론**. 학지사.

이장호, 정남운, 조성호(2005). **상담심리학의 기초**. 학지사.

이장호, 정남운, 조성호(2007). **상담심리학의 기초**. 학지사

이재연, 서영숙, 이명조 역(1990). **아동상담과 치료**. 양서원.

이창호, 강석영, 이동훈 (2013). 아동 청소년 정신건강 증진을 위한 지원방안 연구 III. 한국청소년정책연구원 연구보고서, 1-251.

정보인(1997). **행동수정을 통한 어린이 문제행동 지도**. 중앙적성출판사.

정순례, 양미진, 소재환(2012). **청소년 상담: 이론과 실제**. 학지사.

정옥분(2002). **아동발달의 이론**. 학지사.

정용부, 고영인, 신경일(1999). **아동생활지도와 상담**. 학지사.

정용석(2013). **발달장애연구**, 17(3), 175-194.

채경선(2020). **아동정신건강**. 창지사.

칼로저스 저, 한승호, 한성열 역(2009). **칼 로저스의 카운슬링의 이론과 실제**. 학지사.

하승민, 서지영, 강현아, 마주리, 서혜전, 장정백(2008). **아동상담**. 공동체.

하승민, 서지영, 강현아, 마주리, 서혜전, 장정백(2010). **아동상담**. 공동체

히라이 노요부시(2004). **착한 아이보다 인정받는 아이로 키우자**. 명진출판사.

EBS제작팀, 정지은, 김민태, 오정요, 원윤선(2010). 아이의 사생활. 지식채널. https://www.kyci.or.kr/news/2018_07/tips01.asp#:~:text

America Psychiatric Association(1994). *Diagnostic and Statistical Manual of Mental Disorder* (4th ed.), Washington, D. C.

Bandura, A.(1991). Psychotherapy based on modeling principles. In A. W. Bergen & S. L. Garfield(Eds.), *Handbook of Psychotherapy and Behavior*. Change, New York: Wiley.

Beck, A. T.(1976). *Cognitive therapy and the emotional disorders*. New York: International Universities Press.

Beck, A. T., & Freeman, A.(1990). *Cognitive Therapy of Personality Disorders*. New York: The Guliford Press.

Charles E. S.(1998). **놀이치료핸드북**. 상조사.

Charles, L. Thompson, & Donna, A. Henderson(2008). *Counseling Child*(7th ed.). **아동상담**(김택호, 박제일, 송재홍, 안이환, 양제혁, 윤호열, 은혁기, 이동훈, 이상민, 이승희, 이영순, 이희백, 천성문, 최명식, 허재홍 역). 시그마프레스(원전 2006년).

Chodorow, J.(1991). *Dance therapy and depth psychology: The morning imagination*. NY: Routledge.

Clark, A.(1991). The identification and modification of defense mechanism in counseling. *Journal of Counseling and Development, 69*, 231-236.

Ellis, A.(1962). *Reason and emotion in psychotherapy*. New York: Lyle Stuart.

James Morrison 저, 신민섭, 전혜진, 이진주, 김민재, 고운애, 어윤정, 조지훈, 김수림, 김희정, 안류연, 오유정, 최선우 역(2015). **쉽게 배우는 DSM-5 임상가를 위한 진단지침**.

시그마프레스.

Michael Neenan & Windy Dryden 저, 이종호, 박희관, 이중용, 전명호, 김관엽 역(2017). **인지치료에 대해 알고 싶은 100가지**. 학지사.

Okun, B. F.(1990). *Seeking connections in psychology*. San Francisco, CA: Jossey-Bass Inc.

Thompson, C. L., & Brown, D. T.(1999). Counselling and Psychotherapy with Children and Adolescent. John Wiley & Sons Inc. Thompson, C. L., & Rudolph, L. B.(1991). *Counselling Children*(2nd ed). John Wiley & Sons Inc. 아동상담의 이론과 실제(천성문, 송재홍, 윤치연 외 번역). 시그마프레스.

Tompson, C. L., & Rudolph, L. B.(1999). Counseling children. Wadsworth Publishing. Unlefer, R. F.(ed)(1990). *Music therapy in the treatment of adults with mental disorders*. NY: Schrimer.

Walrond-Skinner, S.(1978). Indications and Contra-indications for the use of family therapy. *Journal of Child Psychology and Psychiatry, 19*, 57-62.

http://blog.daum.net/grace0802

http://blog.daum.net/nojaehee

http://cafe.daum.net/bsj58

http://cafe.daum.net/jeju-ed

http://cafe.daum.net/mmwwoo

http://cafe.daum.net/object-relation

http://cafe.daum.net/slibwater

http://cafe.daum.net/spheral

http://cafe.daum.net/ucandoicando

http://home.ewha.ac.kr/~cate

http://naver.me/FLBfkLvw

http://www.ewhamtclinic.com

http://www.gulnara.net

http://www.kamt.com

http://www.kimtherapy.com/practice

http://www.sangdam.kr/encyclopedia/cc/technic/technic14.html

https://blog.naver.com/heroyeojin/220549422992

https://blog.naver.com/phd_na/222964790621

https://naver.me/xhAGp43V

https://ncc-phinf.pstatic.net/20140929_94/1411977024212fwiwN_JPEG/2-4-1.jpg?type=w646

https://terms.naver.com/entry.naver?cid=47323&docId=3339468&categoryId=47323

https://terms.naver.com/entry.naver?cid=50294&docId=272972&categoryId=50294

https://terms.naver.com/imageDetail.naver?cid=62841&docId=5676519&imageUrl=https%3A%2F%2Fdbscthumb-phinf.pstatic.net%2F5551_000_1%2F20180928135630413_K3TRLH7W1.jpg%2Faf7_4496_i1.jpg%3Ftype%3Dm4500_4500_fst%26wm%3DN&categoryId=62841

https://terms.naver.com/imageDetail.naver?docId=5673711&imageUrl=https%3A%2F%2Fdbscthumb-phinf.pstatic.net%2F5551_000_1%2F20181002154600113_QYBZQO6M2.jpg%2Faf7_4561_i1.jpg%3Ftype%3Dm4500_4500_fst%26wm%3DN

https://terms.naver.com/imageDetail.naver?docId=5676519&imageUrl=https%3A%2F%2Fdbscthumb-phinf.pstatic.net%2F5551_000_1%2F20180928135630413_K3TRLH7W1.jpg%2Faf7_4496_i1.jpg%3Ftype%3Dm4500_4500_fst%26wm%3DN

Yaehee's blog(2020). 아동정신건강, 아이들에게 절대 해서는 안 되는 4가지 언어. https://blog.naver.com/yh_psy_20/222081175000

찾아보기

저자약력

오 승 아

성균관대학교 아동학과 석 · 박사

현, 경동대학교 유아교육과 부교수

전, 잔트만아동청소년상담센터 원장

아동상담

1판 1쇄 인쇄 2023년 12월 15일
1판 1쇄 발행 2023년 12월 20일

저 자 | 오승아
발 행 인 | 박철용
발 행 처 | 양서원
주 소 | 경기도 파주시 직지길 522 파주출판도시
전 화 | 031-955-8000(代)
팩 스 | 031-955-8005
홈페이지 | www.yswpub.co.kr
이 메 일 | yswgroup@naver.com
출판등록 | 1987년 11월 24일 제 406-2003-037 호

ISBN 978-89-994-1266-0

정가 20,000원